FACULTÉ DE DROIT DE PARIS

DROIT ROMAIN

DE

L'HYPOTHÈQUE DE LA CHOSE D'AUTRUI

DROIT FRANÇAIS

DE

L'AUTORITÉ AU CIVIL

DE LA

CHOSE JUGÉE AU CRIMINEL

THÈSE POUR LE DOCTORAT

PAR

RENÉ MESNIER

Juge suppléant au Tribunal civil de Saintes.

PARIS

LIBRAIRIE NOUVELLE DE DROIT ET DE JURISPRUDENCE

ARTHUR ROUSSEAU, ÉDITEUR

14, RUE SOUFFLOT ET RUE TOULLIER, 13

1889

A LA MÉMOIRE DE MON PÈRE

A MA MÈRE

THESE

DE DOCTORAT

FACULTÉ DE DROIT DE PARIS

DROIT ROMAIN

DE

L'HYPOTHÈQUE DE LA CHOSE D'AUTRUI

DROIT FRANÇAIS

DE

L'AUTORITÉ AU CIVIL

DE LA

CHOSE JUGÉE AU CRIMINEL

THÈSE POUR LE DOCTORAT

*L'acte public sur les matières ci-après sera soutenu le Jeudi
20 Juin 1889, à une heure*

PAR

RENÉ MESNIER

Juge suppléant au Tribunal civil de Saintes

Président, M. GARSONNET
Suffragants { MM. ALGLAVE, professeur.
LARNAUDE, } agrégés.
MASSIGLI, }

PARIS

LIBRAIRIE NOUVELLE DE DROIT ET DE JURISPRUDENCE

ARTHUR ROUSSEAU, ÉDITEUR

14, RUE SOUFFLOT ET RUE TOULLIER, 13

—

1889

DE L'HYPOTHÈQUE DE LA CHOSE D'AUTRUI

INTRODUCTION

Nous nous proposons, dans cette étude, d'envisager, sous une de ses faces, la question délicate des actes juridiques portant sur la chose d'autrui.

On peut, en législation, se demander quel doit être le sort d'un acte juridique qui a pour objet la chose d'autrui. Ne faut-il pas voir dans de pareils actes des empiétements illicites sur le droit d'autrui, et les déclarer, par suite, dépourvus de toute valeur ? Les rédacteurs du Code civil ont déclaré nuls tous actes juridiques ayant pour objet la chose d'autrui (art. 1021, 1599, C. c.); le droit romain, au contraire, parle d'actes ayant pour objet la *res aliena*, pour en affirmer la validité (Inst. Just., lib. 2, tit. 20, 4 ; — l. 28, D. 18-1). Sans rechercher quelle est la raison d'être de ces dispositions opposées, il est, dans cet ordre d'idées, un principe qui restera toujours en dehors de

toute discussion, à savoir que la situation d'un propriétaire ne saurait se trouver modifiée par des actes qu'il n'a
pas voulus, auxquels il est resté étranger : *res inter alios
acta, aliis nocere non potest.* Mais cette réserve faite, il
faut se garder de déclarer inefficace à tous points de vue
l'opération juridique qui a eu la *res aliena* pour objet. En
vertu du principe de justice que nous venons de rappeler,
tous actes qui auraient immédiatement pour objet la chose
d'autrui seront dépourvus d'efficacité, parce que nul ne
peut consentir sur une chose que les droits qui lui appartiennent : *nemo dat quod non habet.* Par conséquent,
aucun droit réel ne saurait frapper une chose à l'insu de
son propriétaire ; et tous actes juridiques par lesquels on
voudrait établir de pareils droits sur la chose d'autrui seront frappés d'impuissance.

Mais à côté des droits réels que l'on peut avoir sur une
chose, il y a place pour des droits personnels, pour des
obligations dont la chose envisagée sera l'objet. Si donc
un acte juridique portant sur la chose d'autrui vise cette
chose d'une façon médiate, comme l'on crée alors un
simple rapport personnel sans changement dans la condition juridique de la chose, pourquoi ne pas considérer un
pareil acte comme valable ? On ne peut plus parler d'empiétements sur le droit d'autrui : il n'y a rien d'illicite dans
la promesse que je fais à une personne de lui procurer la
chose d'autrui.

C'est, on le voit, en distinguant suivant que l'acte juridique qui porte sur la *res aliena* se propose de faire naître des droits réels ou seulement des droits personnels,
que nous arrivons à nous fixer sur la valeur de cet acte.
Appliquons ces idées à l'hypothèque qui fait l'objet de
notre travail.

Mais d'abord il est nécessaire de déterminer quelle est la nature et quel est le but de l'hypothèque (1). On l'a défini un droit réel sur un bien affecté à l'acquittement d'une obligation. Ce droit réel, toutefois, présente une physionomie tout à fait originale, puisque son mode de constitution est le simple accord des volontés. Aussi a-t-on mis en doute la réalité de ce droit. On a dit que la convention d'hypothèque engendrait seulement une obligation dont le sujet passif était la chose hypothéquée. En dehors des analogies que l'on peut établir entre l'hypothèque et l'obligation (2), il est certain que la terminologie employée par les jurisconsultes romains paraît appuyer cette manière de voir : hypothéquer, c'est *rem obligare, rem in obligationem deducere* (3).

Nous ne nous arrêterons pas à la discussion de cette théorie et de tant d'autres émises sur la nature de l'hypothèque (4) ; ce serait, croyons-nous, sortir de notre sujet. Admettant donc, avec l'opinion commune, que l'hypothèque est un droit réel (nous n'entendons parler que de l'hypothèque des choses corporelles), voyons quelles conséquences nous devons en tirer au point de vue de l'application des principes que nous avons exposés ci-dessus.

L'hypothèque de la chose d'autrui sera-t-elle valable ? Non, puisqu'il s'agit ici d'établir un droit réel sur un bien

1. Voir M. Jourdan, *L'hypothèque*, p. 173-175. Voir sur l'hypothèque des créances, M. Labbé, *Appendice aux dissertations de Michelard*, p. 202 et suiv.

2. Voir Jourdan, *op. cit.*, p. 176-177.

3. On trouve une nomenclature complète de ces expressions et des textes qui les contiennent dans l'ouvrage de Pellat sur le droit de gage et d'hypothèque, p. 6-7 du traité, notes 9-11.

4. Voir pour l'exposé et la réfutation du ces théories : Pellat, *loc. cit.*, p. 8, n. 12 ; Jourdan, *loc. cit.*, p. 177-181 ; Labbé, *loc. cit.*

qui ne nous appartient pas. Telle est la conclusion qui se
dégage du principe qui commande notre matière. Et nous
verrons, dans la suite de cette étude, que des textes nombreux viennent confirmer cette proposition. Qu'il nous
suffise de citer, pour le moment, les termes bien explicites
de la loi 6, *in fine*, C. 8·16 : *per alium rem alienam invito domino pignori obligari non posse, certissimum
est.*

Tout autre est le langage des textes au sujet de la vente
de la *res aliena* (l. 28. D. 18-1) : « *Rem alienam distra-
here quem posse, nulla dubitatio est : nam emptio est
et venditio : sed res emptori aufferri potest* » Du moment, en effet, que les Romains ne voyaient dans la vente
qu'un contrat productif d'obligations (obligation de *præs-
tare* pour le vendeur), les principes dont nous avons parlé
au début, ne s'opposaient pas à la vente de la chose
d'autrui.

Ainsi, la vente de la chose d'autrui est permise, l'hypothèque ne l'est pas. Cette opposition peut cependant nous
surprendre, à deux points de vue : d'abord, le but de la
convention d'hypothèque n'est-il pas de permettre au créancier hypothécaire de réaliser la chose affectée à la sûreté
de sa créance, pour pouvoir se payer sur le prix ? A un
second point de vue, ne doit-on pas s'étonner de cette rigueur plus grande pour l'hypothèque que pour la vente : la
vente appartient au *jus civile*, l'hypothèque au *jus præto-
rium* ? Il semble donc que l'on aurait dû se montrer au
moins aussi large pour l'hypothèque que pour la vente.

A ces deux considérations, on pourrait opposer que la
convention d'hypothèque devant engendrer le droit réel
sur la chose, il faut nécessairement que le constituant soit
propriétaire. A cette réponse d'ordre purement juridique,

nous nous permettrons d'en ajouter deux autres, en nous plaçant sur le terrain des faits. Si la législation romaine n'a pas permis d'hypothéquer la chose d'autrui, alors qu'elle permet de la vendre, c'est que :

1o Si l'on avait pu hypothéquer la chose d'autrui, le créancier aurait eu une garantie bien souvent illusoire. Or, ce qui domine dans l'hypothèque c'est l'idée de garantie. D'ailleurs, tandis que celui qui achète de bonne foi la chose d'autrui peut en devenir propriétaire par voie d'usucapion, le créancier qui aurait pris hypothèque sur la chose d'autrui, ne peut consolider son droit de la même façon : car l'hypothèque n'admet ni possession ni quasi-possession.

2o Précisément parce que le créancier hypothécaire n'est pas mis en possession de la chose, l'hypothèque de la *res aliena* eût été bien plus dangereuse que la vente de la *res aliena*. Dans ce dernier cas, au moment où l'acheteur voudra se mettre en possession de la chose, la fraude du vendeur éclatera. Rien au contraire ne révélerait au créancier hypothécaire le défaut de droit du constituant sur la chose hypothéquée.

Il nous paraît que ces considérations pratiques ont pu être de quelque poids auprès des jurisconsultes romains, praticiens avant tout. En somme, nous venons de démontrer que les Romains autorisent la vente de la chose d'autrui, mais non l'hypothèque, parce que celle-ci eût été plus dangereuse que celle-là. N'est-ce pas la même idée que nous retrouvons dans le sénatus-consulte Velléien qui défend à la femme mariée d'hypothéquer ses biens en faveur d'autrui, tandis qu'elle peut les aliéner. La raison de cette différence a été depuis longtemps donnée : *lex arctius prohibet quod facilius fieri putat*.

Nous venons de relever ainsi des différences entre la vente et l'hypothèque (1). Comment se fait-il alors que Gaius nous présente le domaine de l'hypothèque comme coïncidant avec celui de la vente. La loi 9 § 1, D. *De pignoribus et hyp.*, 20-1, nous dit, en effet : « *Quod emptionem venditionemque recipit, etiam pignorationem recipere potest.* » Cette similitude est exacte quand on veut parler, comme le fait le jurisconsulte, des choses qui peuvent être hypothéquées, en considérant ces choses en elles-mêmes, dans leurs qualités physiques ou juridiques qui comportent ou non une constitution d'hypothèque, sans envisager les rapports particuliers existant entre la chose et le débiteur ou le créancier, d'où il résulte qu'elle ne peut être hypothéquée par celui-là ou au profit de celui-ci (2).

Ainsi, en vertu de la loi précitée, on ne peut hypothéquer les choses *extra commercium*, de même qu'on ne peut les vendre. Mais que l'on ne puisse hypothéquer la chose d'autrui, que la femme mariée soit incapable d'hypothéquer ses biens à la sûreté de la dette d'autrui, ce sont là des questions étrangères aux qualités distinctives des choses. Aussi Pothier (3), qui groupe méthodiquement les textes du Digeste, transporte-il la loi 9 § 1 du titre I au titre III du livre XX, ce dernier titre s'occupant des choses qui peuvent être ou non hypothéquées.

Après avoir comparé la vente et l'hypothèque de la chose d'autrui, disons quelques mots du gage et du legs portant sur la chose d'autrui ; puis nous terminerons cette entrée en matière en indiquant le plan que nous suivrons dans nos explications ultérieures.

1. Jourdan, *op. cit.*, p. 240.
2. Jourdan, *op. cit.*, p. 240.
3. *Pandectæ justinianæ*, édit. Latruffe, t. I, p. 618, note 1.

On admet généralement (1) que le gage constitue la seconde phase du développement des sûretés réelles dont l'hypothèque serait le couronnement et l'aliénation fiduciaire le point de départ. Qu'arrivait-il si dans le gage ou l'aliénation fiduciaire le débiteur remettait une *res aliena*? En vertu des principes posés plus haut, ces actes ne sont pas valables ; car, dans l'une et l'autre hypothèse, il s'agit d'un droit réel à établir sur la chose : droit réel de *pignus* dans un cas, droit de propriété dans l'autre. Les textes montrent, en effet, que le *pignus* de la *res aliena* n'est pas valable (loi 2, D. 13-7 ; ll. 2, 4, 6. C. 8-16 (2).

Mais il faut noter que tout n'est pas nul dans l'acte juridique par lequel on a donné en gage ou aliéné fiduciairement la *res aliena* : une convention subsiste en effet entre les parties contractantes et les actions *pignoratitia* et *fiducia* directe et contraire, peuvent être exercées : l'action directe pour obliger le créancier, une fois payé, à restituer la chose, l'action contraire, pour permettre au créancier de se faire indemniser, s'il y a lieu. « Dans ces limites, a-t-on dit, le gage échappe à la catégorie des actes qui altèrent l'état juridique des choses (3). » Nous aurons à voir par la suite s'il en est ainsi quand on a hypothéqué la chose d'autrui.

Nous serons bref sur le legs de la *res aliena*. Il nous suffira de dire que, avant le S. C. Néronien la *res aliena*

1. *Contrà*, M. Accarias, *P. de D. romain*, t. l, 2ᵉ édit., p. 659, nº 3.

2. Observons au sujet de ces textes dont le dernier a déjà été cité plus haut, que le mot *pignus* désigne indifféremment chez les Romains le gage et l'hypothèque, bien que *pignus* et *hypotheca* aient cependant chacun un sens propre (§ 7, Institutes, *de action.*; loi 5, § 1, D. 20-1) ; M. Labbé (Ortolan, *Institutes*, 12ᵉ édit., t. III, app.) a montré de la façon la plus saisissante l'action réflexe que l'hypothèque avait exercée sur le gage.

3. Trolley : de la chose d'autrui, thèse de doct. nº 11.

ne pouvait être léguée que dans la forme du legs *per damnationem* d'où naissait seulement un droit de créance (Voir Ulpien, Règles : XXIV, § 11, *in fine*). Quant au legs *per vindicationem*, générateur du droit réel, il ne pouvait porter que sur la chose dont le testateur avait la propriété et la propriété quiritaire ; la chose de l'héritier qui n'est pas regardée par les jurisconsultes romains comme *res aliena* par rapport au testateur, est tenue pour telle, dans le legs *per vindicationem*.

Il nous reste à délimiter le sujet que nous avons embrassé et à dire dans quel ordre nous l'exposerons.

Délimitation du sujet. — Nous avons à parler de l'hypothèque de la chose d'autrui. Cette expression, chose d'autrui, comprend toute chose, corporelle ou incorporelle, susceptible d'hypothèque, et qui n'appartiendrait pas au constituant. Notre intention cependant est d'envisager uniquement la *res aliena* corporelle, et en voici la raison : c'est que l'hypothèque des créances ne met pas en jeu les règles du droit hypothécaire romain, mais plutôt les principes applicables à la cession des créances.

« L'action exercée par le créancier qui a reçu une créance en garantie, s'éloigne de l'action hypothécaire, pour se rapprocher de l'action donnée à tout cessionnaire d'une créance. Nous dirions volontiers : les créances ne comportent pas une affectation hypothécaire, mais seulement une mise en gage ou mieux encore une cession en garantie (1). »

Plan. — Nous avons mis en lumière le principe aux termes duquel l'hypothèque de la *res aliena* est nulle. Mais

1. M. Labbé Append. aux dissertations de Machelard, p. 205, p. 207-209.

on conçoit sans peine que, dans une matière édifiée par la
jurisprudence prétorienne, les principes aient dû céder
parfois devant des considérations de fait. Il ne faut pas
perdre de vue en effet que l'hypothèque est une garantie ;
or, l'intérêt du crédit, la protection que mérite un créancier qui a voulu se ménager des sûretés, expliquent que
le préteur ait, dans certains cas, donné une efficacité plus
ou moins grande à l'hypothèque de la chose d'autrui.
D'où deux parties dans nos explications sur l'hypothèque
de la chose d'autrui : 1° le principe ; 2° les exceptions
qu'il comporte.

CHAPITRE I

PRINCIPE. — L'HYPOTHÈQUE DE LA CHOSE D'AUTRUI EST NULLE

Parmi les conditions requises pour qu'une constitution d'hypothèque soit valable, nous en trouvons deux relatives à la personne du constituant : il doit être propriétaire et capable d'aliéner. Nous n'avons pas à parler ici de la seconde ; la première seule doit nous occuper. Dans une section première nous dirons quand il y a hypothéqué d'une *res aliena*; dans une section deuxième, nous étudierons la nullité de cette hypothèque, les conséquences qui en découlent, les moyens de la couvrir.

SECTION I

Quand y a-t-il hypothèque d'une res aliena ?

Dans la loi 23, D. 22-3, le jurisconsulte Marcien nous fait connaître les preuves que doit fournir le créancier hypo-thécaire qui intente l'action hypothécaire : il doit établir d'abord qu'il y a eu convention d'hypothèque, puis, *rem pertinere ad debitorem eo tempore quo convenit de pignore.* Il est intéressant de se fixer sur le sens du mot *pertinere*, parce que, lorsque la chose sera hypothéquée par celui *ad quem res non pertinet*, il y aura hypothèque de la chose d'autrui. Nous avons précisément un texte, au titre *de verborum significatione* (loi 181. D. 50-16) qui nous dit ce qu'il faut entendre par la : *verbum illud, pertinere, latissime patet : nam et eis rebus aptum est, quas jure aliquo possideamus, quamvis non sint nostri domini : pertinere ad nos etiam ea dicimus, quæ in nulla eorum causa sint, sed esse possint.*

Il résulte de ce texte que le mot *pertinere* s'appliquerait d'abord au propriétaire, puis à ceux qui ont des droits sur une chose, par exemple, nous dit Pothier (*loc. cit.*, p. 610, not. 1) à l'emphytéote, à l'usufruiter, et enfin à ceux qui pourront acquérir sur une chose le droit de propriété ou d'autres droits réels, que l'on entende par là une chose future, ou une chose sur laquelle on a un droit de créance (1).

Nous allons donc voir quels sont ceux qui peuvent hypothéquer une chose ; nous aurons ainsi résolu *a contrario* la question de savoir quand il y a hypothèque d'une *res aliena*. Nous nous demanderons ensuite à quel moment doit exister le droit du constituant, c'est-à-dire quand il doit être propriétaire pour pouvoir conférer valablement hypothèque.

§ 1. — Quelles personnes peuvent hypothéquer ?

Remarquons, pour la dernière fois, que, dans l'énoncé de cette question, nous laissons entièrement de côté tout ce qui a trait à la capacité des personnes, pour nous occuper exclusivement du rapport juridique qui doit exister

1. Pothier, *loc. cit.* p. 610, note 2.

entre la personne qui veut constituer hypothèque et la chose que l'on veut hypothéquer.

Et d'abord, parlons du propriétaire. Il est bien certain que le propriétaire peut hypothéquer; il semblerait même qu'il n'y ait que le propriétaire qui puisse hypothéquer, si l'on prenait à la lettre la formule courante, et que nous avons énoncée plus haut : « pour hypothéquer, il faut être propriétaire. » Mais il y a, à Rome, plusieurs espèces de propriétaires, et il faut s'expliquer sur le compte de chacun d'eux.

Le propriétaire *ex jure quiritium*, peut, sans contredit, hypothéquer sa chose. Mais est-il nécessaire d'être propriétaire quiritaire pour pouvoir hypothéquer? Non, le préteur devait considérer comme suffisante la propriété qu'il faisait respecter, l'*in bonis*, pour permettre de greffer sur elle un autre droit d'origine prétorienne, l'hypothèque. C'est ce qui ressort des termes mêmes qui nous ont été conservés de l'édit du préteur sur l'hypothèque : *Æque servanda erit creditori actio Serviana, probanti, res in bonis eo tempore, quo pignus contrahebatur, illius fuisse* (L. 3, pr. D. 20-1) — .. *Creditorem probare debere, quum conveniebat, rem in bonis debitoris fuisse* (loi 15, § 1, D. 20-1).— *Creditor pignori accepit a debitore quidquid in bonis habet* (loi 34, § 2, D. 20-1). Donc malgré l'existence du *nudum dominium ex jure quiritium*, le propriétaire bonitaire qui hypothèque sa chose n'hypothèque pas la chose d'autrui ; il en serait tout autrement du *nudus dominus ex jure quiritium* qui hypothéquerait la chose faisant l'objet d'une propriété bonitaire.

Le droit d'hypothéquer que nous reconnaissons au propriétaire bonitaire appartient aussi au possesseur légitime d'un fonds provincial qui est considéré, en fait, comme un

propriétaire véritable, et jouit comme ce dernier du droit
de disposer.

N'y a-t-il pas hypothèque de la chose d'autrui quand un
communiste hypothèque la chose indivise ? Non, pourvu
qu'il se borne à hypothéquer sa part indivise ; car, dans
cette mesure, il est propriétaire, bien que l'assiette de son
droit ne soit pas déterminée. Et il est à noter, que, sauf
convention contraire, l'hypothèque qui porte ainsi sur une
part indivise, continuera d'avoir le même objet, quels que
soient les évènements qui mettent fin à l'indivision. Le
partage, en effet, étant à Rome, translatif de propriété,
Primus devra supporter pour moitié, sur la part qui lui
est dévolue par le partage, l'hypothèque que *Secundus*
avait consentie sur sa portion indivise : *illud tenendum
est, si quis communis rei partem pro indiviso dederit
hypothecæ, divisione facta cum socio, non utique eam
partem creditori obligatam esse, quæ ei obtingit, qui
pignori dedit, sed utriusque pars pro indiviso pro parte
dimidia manebit obligata* (loi 7, § 4. D. 20-6). — Dans une
législation au contraire où le partage est déclaratif de propriété, l'hypothèque consentie par un des communistes ne
saurait grever la part des autres, parce que, à cause de la
rétroactivité du partage, l'hypothèque se trouverait avoir
été consentie *a non domino*.

Il va de soi que dans la théorie romaine, le copartageant
contraint de subir l'hypothèque née du chef d'un autre
copartageant pourra se faire indemniser par ce dernier.
C'est peut-être en ce sens que la loi uniq. C. 8-21 déclare
que lorsqu'un frère a hypothéqué sa part, ses frères n'en
souffriront pas : *unde intelligitis contractum ejus nullum
præjudicium dominio vestro facere potuisse.* Ou encore
le communiste qui hypothèque sa part indivise ne peut

causer préjudice à ses frères qui ont sur la chose un droit
de propriété indivise, parce que l'hypothèque consentie
par lui a pour assiette sa part indivise seulement. La part
indivise de chacun de ses frère ne peut donc être atteinte ;
et on dit alors qu'ils n'en souffrent pas, pendant la durée de
l'indivision.

Nous avons parlé jusqu'ici du propriétaire et du communiste. Avec ce dernier nous nous trouvions en présence
de plusieurs personnes ayant sur une chose des droits
égaux, de même nature, mais s'enchevêtrant les uns dans
les autres. Il nous reste à envisager maintenant les personnes qui ont sur une chose des droits réels inégaux, de
nature différente et s'exerçant parallèlement. Telle est en
effet la situation qui se présente quant au bien qui est
grevé d'un droit d'usufruit, d'emphytéose, de superficie ou
encore d'hypothèque. Pour ne prendre que le cas d'usufruit constitué, par exemple, deux droits réels coexistent
sur une chose, chacun ayant son étendue propre : le droit
du nu-propriétaire, le droit de l'usufruitier. Nous devons
par conséquent nous demander si, dans cette hypothèse,
comme dans les autres, il n'y a pas hypothèque d'une *res
aliena*, quand elle est consentie par l'usufruitier ou l'emphytéote.

Il est à peine besoin de remarquer que, malgré la pré·
sence des droits réels dont nous venons de parler, usufruit, emphytéose, le propriétaire reste toujours libre
d'hypothéquer la chose ; et cela parce qu'il reste propriétaire. Seulement les hypothèques, nées de son chef, ne
peuvent porter atteinte aux droits de l'usufruitier, de
l'emphytéote, dont le titre doit être respecté.

Mais ne peut-on pas dire, au contraire, que l'usufruitier,
l'emphytéote qui constituent hypothèque sur la chose,

hypothèquent une *res aliena?* De même, dans le cas de *sub pignus*, est-ce que le créancier hypothécaire ne tend pas à créer une hypothèque sur la chose d'autrui? Pour répondre à ces questions, nous envisagerons successivement chacun de ces ayant-droit.

Usufruitier. — L'usufruitier peut-il constituer une hypothèque? L'affirmative ne fait pas de doute aujourd'hui ; mais la question paraît avoir été discutée parmi les jurisconsultes romains. Marcien s'exprime en effet de la façon suivante dans la L. 11, § 2. D. 20-1 : « *Ususfructus an possit pignori hypothecare dari, quœsitum est.* » Le jurisconsulte rapporte, en s'y ralliant, la réponse que fit Papinien consulté à ce sujet : l'hypothèque sera valablement consentie, et si le nu-propriétaire veut évincer le créancier hypothécaire, le préteur protégera ce dernier par une exception. Et pourquoi en serait-il autrement ? Un usufruitier peut bien céder l'exercice de son droit d'usufruit, et l'acquéreur est protégé contre le nu-propriétaire ; il doit en être de même quand l'usufruitier, au lieu de vendre son droit d'usufruit se borne à l'hypothéquer.

D'autres textes viennent affirmer la possibilité par l'usufruitier de constituer une hypothèque : L. D. 8 pr. D. 20-6 ; 15 pr. D. 20-1. Cette affirmation est particulièrement énergique dans la loi 49, D. 22-1, où le jurisconsulte *Javolenus* comprend dans les fruits mêmes de la chose, le droit de l'hypothéquer : *fructus rei est, vel pignori dare licere.* »

Faut-il voir dans l'hypothèque consentie par l'usufruitier, une hypothèque de la *res aliena?* Nullement, et le langage même des textes qui viennent d'être indiqués est suffisamment explicite à cet égard : ce n'est pas la chose elle-même qui est hypothéquée, mais le droit d'usufruit, *res incorporalis*. Mais, dira-t-on, à quoi bon préciser que c'est le droit d'usufruit qui est hypothéqué, et non la chose elle-même, du moment que l'on reconnaît la validité de cette hypothèque? L'usufruit n'est-il pas d'ailleurs *pars dominii?*

Observons d'abord que si les textes appellent parfois l'usufruit *pars dominii*, cela ne veut pas dire qu'en règle générale, il faille voir là une copropriété. La règle est bien plutôt que l'usufruit est un démembrement du droit de propriété, une *res incorporalis* par conséquent (1).

Quant à dire qu'il n'est pas intéressant de savoir si c'est la chose elle même qui est hypothéquée ou seulement le droit d'usufruit, c'est là une assertion erronée. Si, en effet, comme nous le pensons et comme le prouvent les textes, c'est le droit d'usufruit qui est hypothéqué, il s'ensuit que l'extinction de l'usufruit amènera toujours la disparition de l'hypothèque. Que, par exemple, l'usufruitier renonce à son droit, le nu-propriétaire reprend la pleine jouissance de sa chose, et l'hypothèque disparaît (8, pr. D. 20-6). Il reste seulement au créancier hypothécaire, la ressource de l'action paulienne (2). Concluons donc en disant que l'hypothèque, consentie par l'usufruitier, n'est pas une hypothèque de la *res aliena* (3).

Superficiaire. — On sait que le droit du superficiaire consiste à jouir pendant très longtemps ou à perpétuité d'une construction élevée sur le terrain d'autrui, moyen-

1. Accarias, *op. cit.* I. 1, 2e édit. p. 622, note 3.
2. Jourdan, *op. cit.* p. 265.
3. Ce que nous avons dit de l'usufruit s'appliquerait aussi aux servitudes rurales et à l'*habitatio* : car Justinien ayant admis que l'*habitatio* comporte le droit de louer (l. 13. C. 3-33) il faut aussi admettre le droit d'hypothéquer. De même pour les *operæ servi aut animalium* (l. 2. D. 33-2).

2

nant un prix annuel ou versé en une seule fois. De qui le superficiaire doit-il être rapproché ? D'un usufruitier ou d'un propriétaire ? A notre avis, c'est le second point de vue qui nous paraît conforme à la raison et aux textes. Si en effet le propriétaire d'un terrain peut exercer son droit au-dessous comme au-dessus de son immeuble, on conçoit qu'il puisse consentir des aliénations de son droit, dans le sens de la profondeur ou de la hauteur, et que, dans l'une et l'autre hypothèse, on se trouve en présence d'une véritable propriété. N'y a-t-il pas une analogie entre le fait d'un propriétaire, qui, au lieu de partager sa propriété dans le sens de verticale, la diviserait horizontalement en un certain nombre de lots (1) ? Il nous paraît vrai de dire que, dans les deux cas, c'est un droit de propriété qui se trouve ainsi établi. En raison, par conséquent, le superficiaire qui consent une hypothèque l'établit, non pas sur une chose incorporelle, mais bien sur la construction, les Romains, on le sait, identifiant le droit de propriété et son objet pour matérialiser le premier. Ce point de vue rationnel, à lui seul, pourrait peut-être donner prise à la critique. Mais il est corroboré par les textes. Les jurisconsultes ne s'expriment plus ici comme pour l'hypothèque constituée par l'usufruitier; ils nous disent que c'est le fonds lui-même qui est hypothéqué : *prædium superficia rium pignori dari potest.* » (L. 16 § 2. D. 13-7). C'est la *superficies,* la construction qui est hypothéquée, comme le prouve ce texte et d'autres encore : *etiam superficies in alieno solo posita pignori dari potest* (l. 15, D. 20-4).

---

1. Que l'on veuille bien nous pardonner ce langage, transporté de la géométrie, auquel nous recourons pour rendre plus saisissable l'idée que nous avons conçue avec un peu de hardiesse peut-être.

En définitive, lorsque le superficiaire fait une constitution d'hypothèque, il hypothèque sa chose : il n'y pas hypothèque de la *res aliena*. Mais à la différence de ce qui se passe pour l'usufruitier, c'est une chose qui est hypothéquée, et non un droit ; constatation dont l'importance pratique a été indiquée plus haut. Le créancier hypothécaire sera donc armé contre tout détenteur, même le propriétaire du sol (l. 13, § 3. D. 20-1) ; mais si le superficiaire n'avait pas acquitté le *solarium*, le propriétaire primerait naturellement le créancier hypothécaire (l. 15. D. 20-4 ; — l. 17. D. 13-7).

Emphytéote. — De même que le superficiaire dont nous venons de parler, l'emphytéote est considéré par le droit prétorien comme un propriétaire. Il peut, lui aussi, constituer valablement des servitudes sur la chose, *jure prœtorio :* il a le droit de vendre, sauf l'exercice du droit d'option par le propriétaire. Et les textes nous disent en effet que l'hypothèque consentie par l'emphytéote porte sur le fonds lui-même : *vectigale prœdium pignori dari potest* (l. 16, § 2. D. 13-7) — ... *fundus a possessore datus est* (l. 31. D. 20-1). Il n'y a donc qu'à transporter ici les développements qui viennent d'être donnés plus haut sur les droits du créancier hypothécaire (1).

Créancier hypothécaire. — De même que l'emphytéose et la superficie, la généralité des interprètes comprend également l'hypothèque parmi les choses incorporelles qui peuvent former l'assiette d'un droit hypothécaire. En envisageant les choses ainsi, la question d'hypothèque

---

1. L'opinion que nous avons admise pour l'emphytéote et le superficiaire est défendue par Pellat (Traité du Dr. de gage. p. 18 observation) et Jourdan (De l'hyp. p. 357). *Contrà* Machelard (Diss. p. 156). Accarias, (t. I, p. 662). Trolley (thèse doct. nº 11).

d'une *res aliena* ne se pose pas, puisque le constituant ne
fait que disposer de son droit. Pour nous qui avons écarté
cette solution, il faut nous demander si dans le cas de *subpignus*, c'est l'hypothèque ou la chose elle-même qui est
l'objet du nouveau droit. L'intérêt pratique, attaché à la
question, est toujours celui que nous avons précédemment indiqué.

Nous pensons que, là encore, le langage des textes est
formel dans le sens de l'hypothèque de la chose déjà grevée
par une première constitution hypothécaire. La l. 40, § 2.
D. 13-7, emploie, en parlant du *subpignus*, l'expression
secundi pignoris ; de même dans les lois 13, § 2. D. 20-1.
— 14, § 3, D. 44-3 — 1 et 2. C. 8-24, on ne parle que de
l'engagement fait par le créancier hypothécaire de la
chose qui lui est déjà affectée en garantie *(rem pignora-
tum, id quod pignori obligatum est, etc.)*, et non d'une
hypothèque qui porterait sur le droit du nouveau constituant, sur son *jus pignoris* (1).

Ce n'est pas ici le lieu de discuter avec détail la question de savoir si, dans le *pignus pignori datum*, c'est
comme nous l'admettons, la chose même qui est hypothéquée, ou bien le droit d'hypothèque ou encore la créance
garantie par la première hypothèque. Car chacun de ces
trois systèmes a trouvé ses défenseurs (2). M. Jourdan
nous paraît avoir montré la part de vérité qui existe dans
ces trois opinions, tout en reconnaissant que le point de
départ de cette théorie du *subpignus* a été une affectation
véritable de la chose elle-même à la garantie de la seconde
créance (3).

1. V. Pellat, *op,* et *loc. cit. suprà* ; Jourdan, *op. cit.* et les autorités
qu'il cite, p. 293, note 4.
2. V. Jourdan, *op. cit.*, p. 292, notes 2 et 3.
3. V. Jourdan, *op. cit.*, p. 292-301.

On sera facilement amené à accepter l'opinion à laquelle nous nous rallions, si l'on ne perd pas de vue l'évolution juridique qui a présidé au développement des sûretés réelles, en droit romain, si l'on songe comme l'a si judicieusement observé M. Labbé (1), que la théorie de l'hypothèque repose tout entière sur l'idée de possession, idée inhérente au gage dont l'hypothèque est issue. Or, un créancier gagiste qui donnait à son tour la chose en gage à son créancier, faisait bien naître un droit réel de *pignus* sur cette chose en faveur de ce dernier. Et les textes montrent que tel a été effectivement la première forme du *subpignus* (2).

Dans notre système nous arrivons ainsi à constater que, par le fait de Secundus qui a une hypothèque sur le fonds A de Primus, Tertius, créancier de Secundus, aura une hypothèque sur ce même fonds. N'est-ce pas reconnaître, contrairement au principe posé au début de ce travail, que Secundus aura valablement constitué une hypothèque sur une *res aliena ?* Non, car nous avons posé cette formule générale, appuyée sur les textes : celui-là peut établir une hypothèque sur une chose, dont on peut dire : *res ad eum pertinet.* Or, si l'on n'a pas oublié le sens de ce dernier mot, on voit que pour Secundus créancier hypothécaire, *res ad eum pertinet.*

Une objection peut nous être faite. Votre raisonnement tend, en somme, à dire que Tertius (pour conserver l'exemple ci-dessus) a directement hypothèque sur le fonds A de Primus. Si donc Tertius est créancier de 50, alors que Secundus ne l'est que de 40, ne faudra-t-il pas lui per-

---

1. Ortolan, *op. cit.* Appendices de M. Labbé.
2. L. 1. 40, § 2. D. 13-7. — 13, § 2. D. 20-1. — 14, § 3. D. 44 3 — 1. C. — 8-24.

mettre d'obtenir 50, à la faveur de son hypothèque ? Or les
1. 1. 40, § 2. D. 13-7 et 13, § 2. D. 20-1, établissent manifeste-
ment que Tertius n'a des droits sur la chose que dans les
limites des droits appartenant à Secundus. — La réponse
est facile. Oui, Tertius a bien une hypothèque sur la
chose ; mais de qui tient-il cette hypothèque ? De Secundus. Or, une personne ne pouvant transférer à quelqu'un
plus de droits qu'elle n'en a elle-même, la mesure des
droits de Secundus, c'est-à-dire, 40, nous donnera également la mesure des droits de Tertius.

Nous avons ainsi terminé l'étude des personnes qui,
ayant des droits réels sur une chose, peuvent ou non l'hypothéquer. Il nous reste, pour compléter les développements que comporte notre paragraphe premier, à parler
des représentants légaux ou conventionnels ; à dire si, et
dans quelles limites ils peuvent conférer valablement
hypothèque sur les biens dont ils ont l'administration. Si,
par exemple, un tuteur n'a pas le droit d'hypothéquer les
biens de l'impubère, il y aura hypothèque de la chose
d'autrui. Nous traiterons successivement des représentants
conventionnels, puis des représentants légaux. Conventionnels ou légaux, les administrateurs des biens d'autrui
peuvent hypothéquer dans les limites des actes d'administration qui leur sont permis. Il s'agit donc de déterminer
les limites des pouvoirs d'administration des diverses personnes appelées à gérer le patrimoine d'autrui.

A. — *Représentants conventionnels.* — On connaît le
principe posé par les Romains en matière de mandat :
d'après le droit civil, il n'y a pas représentation du mandant par le mandataire. Ce principe paraît avoir été respecté lorsqu'il s'agissait pour le mandataire d'obtenir une

hypothèque en faveur du mandant (l. 11, § 6. D. 13-7) (1).
Mais on s'en est écarté au contraire quand l'hypothèque,
au lieu d'être acceptée, était promise par le mandataire (2).
Nous n'en donnerons pas pour preuve, ainsi que le fait
M. Jourdan, la l. 20, pr. D. 13-7 qui prévoit une hypothèse
de ratification, en dehors de tout mandat donné. Plus précise que ce texte, nous paraît la l. 11, § 7. D. 13-7 qui nous
montre l'hypothèque constituée par le fait d'un mandataire
qui l'a promise.

Mais dans quel cas un mandataire peut-il ainsi créer une
hypothèque sur les biens du mandant? Nous devons
répondre à cette question, puisqu'il y aura hypothèque
d'une *res aliena* quand le mandataire aura outrepassé ses
pouvoirs.

Le mandataire hypothèque valablement, et d'une façon
directe, la chose du mandant dans deux cas :

1° Quand il a reçu spécialement mandat pour établir une
hypothèque sur la chose (l. 11, § 7. D. 13-7).

2° Quand il s'agit d'un mandataire général, *procurator
omnium bonorum*, et que le mandant avait l'habitude de
donner des hypothèques en garantie des emprunts qu'il
pouvait faire (l. 12. D. 13-7).

En dehors de ces deux cas un mandataire ne pourra valablement grever d'hypothèque les biens du mandant. Il ne
peut hypothéquer, nous dit la loi 8, C. 8-16, *invito vel
inscio domino*. Tel est le principe auquel se rapportent les
deux textes précités, lesquels ne renfermaient pas des
exceptions, puisque le mandant sait, dans un cas, et doit
savoir, dans l'autre, qu'il y aura constitution d'hypothèque
sur ses biens.

1. Jourdan, *op. cit.*, p. 353-355.
2. Jourdan, *op. cit.*, p. 362-363.

Ajoutons que, d'une façon indirecte, un mandataire,
agissant en dehors des cas précités, fournira au créancier
hypothécaire un recours, non par voie d'action, mais
par voie d'exception. C'est lorsqu'il y aura eu *versio
in rem*, c'est-à-dire lorsque les deniers comptés au
mandataire par le créancier hypothécaire auront pro-
fité au mandant. Dans ce cas, et pourvu que le créancier hypothécaire soit en possession de la chose hypothéquée, on lui donnera une exception, grâce à
laquelle il conservera la chose tant qu'il n'aura pas été désintéressé. C'est là ce qui ressort de la l. 1. C. 8-16, texte dont
on peut rapprocher la l. 1, pr., D. 20-6, et plus particulièrement la l. 1, pr., D. 20-1, dont il sera longuement parlé
dans la suite. Ces deux dernières lois nous montrent, en
effet, des hypothèses où, à défaut de l'action hypothécaire,
une exception est donnée au créancier.

Il faut étendre la solution de la l. 1. C. 8-16, au cas
où l'hypothèque aurait été constituée par un gérant
d'affaire (1).

B. — *Représentants légaux.* — Nous parlerons successivement du tuteur, du curateur, des administrateurs des
biens de l'État, du père de famille quant aux biens adventices de son fils, et enfin des personnes en puissance, fils
de famille, esclave, qui peuvent, en quelque façon, être
considérées comme les représentants légaux du père ou
du maître quant aux biens formant leur pécule.

Tuteur. — On sait que le tuteur avait à l'origine les
pouvoirs les plus larges dans l'administration du patrimoine du pupille. Ses pouvoirs dépassaient même la
mesure de ceux impartis à un administrateur ordinaire,

1. Jourdan, *op. cit.*, p. 364, note 36.

puisque le tuteur pouvait aliéner, non seulement les biens
périssables, mais encore toutes sortes de biens meubles ou
immeubles. Mais à partir de Septime Sévère, les pouvoirs
du tuteur tendent à rentrer dans le cadre de l'administration : il lui fut défendu d'aliéner les *prædia rustica vel
suburbana*, prohibition étendue ensuite par Constantin
(l. 22. C. 5-37). Le droit d'hypothéquer les biens du pupille
suivit en principe la même évolution (1). Mais il faut
cependant un tempérament de raison : à savoir que les
nécessités de l'administration peuvent conduire souvent le
tuteur à hypothéquer les biens du pupille, tandis que le
besoin d'aliéner se fait plus rarement sentir. Lors donc
que l'hypothèque aura été consentie dans l'intérêt du
pupille, elle l'aura été valablement. Telle est la solution
que nous trouvons dans les textes relatifs à l'hypothèque
constituée par le tuteur sur les biens de l'impubère.

Dans la loi 11, § 7. D. 13-7, Ulpien met sur la même ligne
le tuteur et le procurateur qui hypothèquent une chose,
ayant reçu mandat spécial de l'hypothéquer. Il donne à
l'un et à l'autre l'action pignératicienne. De ce texte qui
paraît donner au tuteur pouvoir général d'hypothéquer,
il faut rapprocher une solution plus précise de Paul, où
nous trouvons précisément indiquées les conditions par
nous énumérées pour la validité de l'hypothèque consentie
par le tuteur. Paul nous dit (L. 16, pr. D. 13-7) que, si le
tuteur, dans les cas où la loi ne s'y oppose pas (allusion
sans doute au S. C. de Septime-Sévère) a donné en gage
(entendons gage ou hypothèque) la chose du pupille, le
gage doit être maintenu, en supposant qu'il ait emprunté
pour les affaires du pupille. Même solution dans la l. 3,

---

1. Accarias, *op. cit.*, t. 1, p. 329; et l. l. 7 et 8. D. 27-9.

C. 8-16 ; si un tuteur hypothèque des meubles du pupille, c'est nul, à moins que l'argent n'ait été reçu dans l'intérêt de ce dernier (1).

Terminons en disant qu'il faudrait appliquer à l'hypothèque consentie irrégulièrement par le tuteur comme par tous les autres représentants légaux, les dispositions précitées de la loi 1. C. 8-16.

Curateur. — A la différence du tuteur qui, tantôt *negotia gerit*, tantôt *auctoritatem interponit*, le curateur n'agit pas seul, il n'a qu'un rôle d'assistant, *dat consensum*. Cependant les textes mettent sur la même ligne le tuteur et le curateur, au point de vue qui nous intéresse et donnent la même solution quant à l'hypothèque qui pourrait avoir été constituée par le curateur sur les biens de l'adolescent ou du fou (L. 3. C. 8-16 ; — L. 16, pr. D. 13-7). Il n'y a donc qu'à se reporter à ce qui vient d'être dit pour le tuteur, d'autant plus que le S. C. de Septime-Sévère, s'applique également au tuteur et au curateur (l. 1. *pr.*, et 2. D. 27-9).

Administrateurs des biens de l'État. — De tels administrateurs devaient avoir une latitude assez grande dans leur administration, parce qu'il faut, qu'à un moment donné, ils puissent accomplir les actes urgents et qui intéressent la cité ou l'État. D'ailleurs il n'est pas à présumer que ces représentants de personnes morales abusent de leurs pouvoirs à cause de la grave responsabilité qui pèse sur eux. C'est là l'esprit qui a dicté la disposition de la L. 11, pr. D. 20-1, où le jurisconsulte Marcien nous dit : si celui qui a le droit d'administrer les biens de la république, emprunte de l'argent pour elle, il peut hypothéquer les choses qui appartiennent à l'État. — Il y a donc dans ce

1. L. 7. C. 8-16.

cas comme dans les hypothèses plus haut indiquées, au sujet des tuteurs et curateurs, une hypothèque consentie *a non domino*, mais qui est valable a raison de la qualité du constituant.

Père de famille. — Nous parlons ici du père de famille comme administrateur du pécule adventice de son fils, pécule dont il est en même temps usufruitier. Mais comme administrateur le père n'a pas des pouvoirs étendus : « Il ne pouvait, en principe, ni exercer une action en justice, ni faire aucun acte de disposition sans l'assentiment du fils (1). » Mais il y a des cas où la nécessité même de faire acte de bon administrateur permettra au père de vendre ou d'hypothéquer les biens adventices, alors qu'il n'a pas ces droits ordinairement. Ainsi dans la L. 8 § 5. C. 6-61, nous voyons que le père pourra vendre ou hypothéquer le pécule adventice, quand il s'agit d'acquitter les dettes ou les legs d'une hérédité qui va grossir ce pécule. Et notons bien que c'est alors en qualité d'administrateur que le père agit, et non comme usufruitier. Il est facile de comprendre l'intérêt de cette remarque après les développements qui ont été donnés plus haut.

Tandis qu'un nu-propriétaire a le droit d'hypothéquer, sous la sauvegarde naturellement de l'usufruit, il est remarquable que le fils de famille, nu-propriétaire du pécule adventice est dépouillé d'un pareil droit, et cela, parce que, nous dit Justinien, *melius est courctare juveniles calores* (L. 8, § 5, C. 6-61). Nous passons, parce qu'il s'agit là d'une question de capacité, ce qui est en dehors de notre cadre.

Fils de famille. — *Esclave.* — C'est un principe, en droit romain, que la situation du père ou du maître ne

1. Accarias, t. I, p. 693 ; l. 2. C. 6-60, l. 4, l. 6, § 2, C. 6-61.

saurait être rendue pire par le fait des personnes placées sous sa puissance. Si donc un *filius familias* hypothèque la chose de son père, il n'y a rien de fait, en ce sens que l'hypothèque ne naît pas (L. 4. C. 8-16). Il faut en dire autant de l'esclave, en observant que ce dernier n'a pas une capacité propre, à la différence du fils de famille, et qu'il est tenu seulement par ses contrats, d'une obligation naturelle.

Mais l'esclave ou le fils peuvent se trouver à la tête d'un pécule (1), et dans ce cas la situation se trouvera modifiée. La question revient à savoir quels sont les droits de l'esclave et du fils sur leur pécule. Comme l'un et l'autre sont, entre les mains du père et du maître, des instruments d'acquisition, il faut poser en principe que les pouvoirs du titulaire d'un pécule doivent tendre à l'enrichissement du maître. Mais, avant tout, il faut faire une distinction : l'esclave ou le fils ont-ils ou non la *libera administratio peculii?* Si oui, entendons qu'ils pourront aliéner ou hypothéquer les choses comprises dans le pécule. Mais encore faut-il que l'aliénation ou l'hypothèque se rapportent à l'administration du pécule et soient destinées à le faire fructifier. C'est ce qui ressort des textes que nous possédons sur la question.

Les lois 18, § 4 et 19. D. 13-7 nous disent que l'esclave et le fils de famille peuvent hypothéquer valablement une chose du pécule, s'ils en ont la libre administration, car ils peuvent alors même aliéner les choses qui y sont comprises. Mais un autre texte vient préciser les précédents : la loi 1, § 1. D. 20-3 déclare que si un fils de famille ou un esclave a obligé, en faveur d'autrui, une chose de son pécule, la chose ne sera pas engagée, quoiqu'il ait la libre

---

1. Nous ne parlons naturellement que du pécule profectice.

administration de son pécule, de même qu'il ne lui est pas permis de faire une donation ; car il n'a pas cette libre administration d'une manière indéfinie. Le jurisconsulte termine en disant que c'est une question de fait de savoir jusqu'où s'étend la permission accordée à l'esclave ou au fils d'administrer le pécule.

Quant aux actions qui pourront être exercées contre le père ou le maître, du chef de l'esclave ou du fils, c'est la théorie des actions *adjectitiæ qualitatis* que nous n'avons pas à exposer ici.

Nous avons dit que le fils de famille, et non l'esclave, s'obligeait civilement par ses contrats, même en dehors de tout pécule. Si donc le fils a, dans ces conditions, hypothéqué la chose de son père dont il devient plus tard héritier, il semble que le créancier hypothécaire pourrait alors ramener à exécution l'obligation contractée par le *filius familias*. Mais il ne faut rien préjuger ici sur cette question qui sera posée d'une façon générale dans la suite, et que nous résoudrons dans notre chapitre deuxième.

Nous avons ainsi passé en revue les principales hypothèses où il était intéressant de savoir si une personne peut ou non hypothéquer. Ainsi se trouvent déterminés, *a contrario*, les cas dans lesquels il y a hypothèque de la *res aliena*. Avant d'étudier les effets de l'hypothèque consentie *a non domino*, il faut insister sur un point particulier. Nous avons dit qui pouvait hypothéquer ; il faut rechercher maintenant à quel moment doit exister le droit du constituant, pour que l'hypothèque soit valable. Ainsi un propriétaire (1) sous condition suspensive peut-il hypothéquer *pendente conditione* ?

---

1. Nous nous servirons désormais, dans la suite de cette étude, de cette expression de propriétaire qui comprendra, à nos yeux, toute personne ayant le droit d'hypothéquer, conformément aux textes ci-dessus cités.

Tel est l'ordre d'idées dans lequel nous allons maintenant nous engager.

A quel moment faut-il être propriétaire ?

Le moyen le plus sûr de répondre à la question, c'est de prendre la formule de l'action hypothécaire et de voir ce qu'elle renferme. La L. 23, D. 22-3, déjà citée, nous dit que le créancier après avoir prouvé la convention d'hypothèque, doit établir *rem pertinere eo tempore quo convenit de pignore.* Il en résulte que le constituant devrait être propriétaire au jour où la convention d'hypothèque a eu lieu. Cette condition est-elle suffisante? Oui, et par suite peu importe que le constituant ne soit plus propriétaire au jour où l'action hypothécaire est exercée. C'est ce que nous dit la L. 3, pr. D. 20-1 : « Si un débiteur qui revendiquait sa chose a succombé, parce qu'il n'a pas prouvé qu'elle était à lui, le créancier n'en conservera pas moins l'action servienne en prouvant que la chose était dans les biens du débiteur au temps où le gage a été constitué (1). »
Mais il faut, nous a dit la loi 23, que le constituant ait été propriétaire au jour de la convention. C'est encore l'idée qu'exprime la l. 3, § 1, D. 20-1 : « Une personne qui, dans la revendication d'une chose avait succombé par l'injustice du juge, a ensuite hypothéqué cette même chose. Le créancier ne peut avoir plus de droit sur cette chose que celui qui la lui a engagée. Il sera donc repoussé par l'exception de la chose jugée, quoique celui qui a obtenu gain

---

1. La traduction que nous donnons des textes du livre XX et du livre XIII-7, est, en général, reproduite de la traduction Pellat. *op. cit.*

de cause ne puisse exercer aucune action qui lui soit propre ; car il faut considérer non le droit que n'avait pas celui-ci, mais celui qu'avait le débiteur sur la chose qu'il a engagée. »

Il semble donc que la condition que nous avons relevée dans la formule de l'action hypothécaire soit, d'une part, suffisante, mais, de l'autre nécessaire.

Sur ce dernier point, toutefois, nous allons voir que la rigueur de la formule doit être un peu mitigée.

Il y a en effet, trois cas dans lesquels on admet la validité de l'hypothèque, bien que le constituant ne soit pas propriétaire au jour de la convention. Ces trois hypothèses sont les suivantes : 1° la chose hypothéquée est due au constituant ; 2° l'hypothèque est constituée sous condition ; 3° la convention d'hypothèque porte sur des biens à venir.

1° *Le constituant hypothèque une chose dont il n'est pas encore propriétaire, mais seulement créancier.* — Pourquoi n'aurait-on pas admis, qu'il y ait là une convention valable ? Sans doute le droit réel d'hypothèque ne naîtra pas au jour de la convention, puisque le constituant n'est pas propriétaire, mais la naissance de l'hypothèque n'est que retardée, et se produira au moment où la propriété sera acquise au constituant. Peut-on dire véritablement qu'il y ait là une hypothèque de la *res aliena?* Non, et si l'on se reporte aux motifs que nous avons donnés pour expliquer à Rome la nullité de l'hypothèque portant sur la chose d'autrui, on se convaincra facilement que les Romains devaient admettre la validité de la convention qui nous occupe, car la chose que l'on hypothèque doit entrer dans le patrimoine du débiteur.

D'ailleurs est-ce que l'on ne peut pas appliquer ici au

constituant ces termes sur lesquels nous avons insisté plus haut : *res ad eum pertinet* ?

Nous allons dire bientôt que les textes nous montrent que la *res debita* peut faire l'objet d'une constitution d'hypothèque. Il est même un cas très intéressant dans lequel on trouvait ainsi à Rome une hypothèque consentie sur une chose par celui qui en était seulement créancier. Nous voulons parler de la vente à crédit, sorte de vente qui tend à se généraliser dès que le commerce d'un peuple est tant soit peu développé. Or, on sait quels risques courait un vendeur à crédit, par suite du transfert immédiat de la propriété à l'acquéreur. Pour remédier aux inconvénients qui pouvaient en résulter pour le vendeur, les Romains employèrent plusieurs procédés et particulièrement le suivant que l'on peut considérer comme le premier germe du privilège du vendeur dans notre droit : avant d'opérer la remise de la chose à l'acheteur le vendeur se faisait consentir par ce dernier une hypothèque sur la chose vendue, grâce à laquelle il aurait toute sécurité pour obtenir le prix de vente en cas de non-paiement à l'échéance. Or, avant la tradition, l'acheteur n'est que créancier de la chose vendue.

Arrivons aux textes que nous avons annoncés. C'est d'abord la loi 1, pr. D. 20-1 : dans le cas où la convention d'hypothèque a porté sur la chose d'autrui, qui n'était pas due à celui qui donnait le gage, si le débiteur en acquiert plus tard la propriété, on accordera difficilement une action utile au créancier, etc... Donc, une action appartient au créancier quand la chose hypothéquée était due au constituant, c'est-à-dire quand il en devient plus tard propriétaire, non pas *ex causâ novâ, sed ex causâ antiquâ*.

L'hypothèse de la L. 56, D. 36-1 est particulièrement
intéressante. Il s'agit d'une fille a qui son père a attribué
certains objets de son hérédité, et qui a été chargée de
rendre à ses frères le reste du patrimoine. Avant d'avoir
opéré la restitution, la fille est envoyée en possession de
l'hérédité. Pendant ce temps les frères vendent les choses
héréditaires, en hypothèquent d'autres, alors qu'ils n'ont
que des droits *indivis* sur ces objets.

Lorsque l'hérédité aura été restituée, nous dit le texte,
les ventes et hypothèques se trouveront confirmées. —
Certains se sont étonnés d'une pareille solution (1) parce
que, a t on dit, la propriété du fidéicommissaire n'est pas
rétroactive, mais remplace seulement celle du fiduciaire,
de l'héritier. Et l'on conclut qu'il faut voir dans le texte
qui nous occupe une solution toute de faveur. « Cette
faveur s'explique, ajoute-t-on, par la différence qu'il y a
entre la position d'un créancier et celle d'un propriétaire
sous condition suspensive. Le premier est, dès l'origine,
sûr d'obtenir la propriété ; l'incertitude, au contraire, se
mêle au droit du second. — Elle s'explique encore par des
considérations tirées de la nature du gage. La tradition,
le gage, l'hypothèque appartiennent au droit des gens, au
domaine du préteur, ce grand ennemi des rigidités du
droit. » — A nos yeux et pour les motifs sus-énoncés,
l'idée de faveur n'a rien à faire ici. Au surplus le langage
des jurisconsultes dans nos textes ne fait aucune allusion
à cette idée : ils ne se servent pas des expressions, *beni-
gne receptum est*, *melius est dicere*, et autres, employées
quand il s'agit d'une solution que le droit repousserait,
mais qui serait commandée par l'équité.

1. Trolley, *op. cit.*, p. 37-38.

Il est encore un autre texte à signaler : c'est la loi 3, § 1. D. 20 4. Voici l'hypothèse qu'il prévoit : un fonds était dû à Titius pas un mandataire qui l'avait acheté pour lui : avant que la possession lui en fut livrée, Titius l'a hypothéqué à un autre. Le premier a paru devoir être préféré, à moins que le second créancier n'ait payé le prix d'acquisition au fondé de pouvoir. Pour la somme qu'il aurait payée à celui-ci et pour les intérêts, il est certain que le second créancier aurait la préférence, à moins que le second créancier n'use du *jus offerendæ pecuniæ*. Si le débiteur a payé le prix d'acquisition, sans l'intermédiaire du second créancier, c'est le premier qui sera préféré.

Répétons, avec ce texte, que le créancier peut valablement, et sans faveur aucune, hypothéquer la *res debita*. Mais la loi précitée a soulevé une difficulté quant au point de savoir le moment où naît l'hypothèque constituée sur une *res debita*. C'est par l'examen de cette question que nous terminons l'étude de l'hypothèque d'une chose dûe au constituant.

A quel moment prend naissance l'hypothèque de la *res debita*? Le moment où commence l'hypothèque, dit M. Pellat, dans sa traduction de Schilling (1), est celui de l'acquisition de la chose. Telle est également la solution que nous avons donnée par avance. Il semble naturel, en effet, que l'hypothèque, comme tout autre droit réel, ne puisse se fixer sur une chose que lorsque l'on est propriétaire de cette chose. Or, c'est par la tradition, et à partir du moment où elle est faite, que l'on devient propriétaire : c'est donc alors que l'hypothèque pourra exister.

Certains auteurs ont invoqué cependant le texte qui pré-

1. Pellat, *op. cit.*, p. 40 texte et note 15.

cède pour soutenir que l'hypothèque d'une *res debita*
existe du jour de la convention. En laissant de côté le cas
où le second créancier a fourni des fonds au mandataire
(hypothèse qui vient bien inutilement compliquer l'espèce
présentée par le jurisconsulte) ; si, disait-il, Primus, le
créancier qui a fait la convention d'hypothèque, avant la
tradition, est préféré à Secundus, créancier dont l'hypothèque a été constituée après la tradition, c'est que le droit
du premier existe du jour de la convention. — Mais, à
notre avis, la solution donnée par le texte s'explique sans
qu'il soit besoin d'admettre la naissance de l'hypothèque
au moment où la convention a été faite. Le principe que
nous avons posé dans les lignes ci-dessus, et aux termes
duquel, l'hypothèque existe au jour seulement de l'acquisition de la propriété, suffit à justifier la décision de Papinien dans notre texte. Nous comprenons, en effet, que
Primus soit préféré à Secundus, parce que son hypothèque a frappé la chose au moment même où la tradition
a été faite, tandis que Secundus a une hypothèque née postérieurement.

A notre raisonnement l'objection suivante a été présentée. La tradition faite par le mandataire à Titius a-t-elle
bien transféré la propriété à ce dernier ? Non, dit-on, car
le mandataire n'ayant pas encore payé le prix, comme
cela ressort de la fin du texte, la propriété ne lui avait pas
été acquise. Une double réponse peut être faite : d'abord
Titius ne reçoit pas la chose comme acheteur, mais comme
mandant. Telle est la réponse que nous trouvons dans
M. Jourdan, qui reproduit l'argumentation de Vange-
row. Elle nous paraît insuffisante ; car étant donné que le
mandataire n'a pas payé le prix de la chose, il n'a pas

acquis la propriété ; et la tradition qu'il fait à son mandant ne saurait transférer davantage la propriété à ce dernier. Il faut, par conséquent, admettre avec les auteurs précités (et c'est là la dernière réponse) que Papinien a, mal à propos, réuni dans la loi 3 § 1 deux hypothèses. — L'espèce principale que le jurisconsulte avait en vue était la suivante : Primus a reçu hypothèque sur une *res debita*, Secundus en obtient une après la tradition (entendons acquisition) de la chose, lequel l'emporte ? Et Papinien de répondre : c'est Primus, à moins que, etc. Mais cette incidente, relative à une hypothèse *de versio in rem*, laisse entier le principe formulé dans les premières lignes du texte. Nous avions donc raison d'affirmer, au début de ce raisonnement, que si Primus l'emporte sur Secundus, c'est qu'il est premier en rang, son hypothèque étant née, non pas au jour de la convention, mais au moment où la tradition faisait acquérir au constituant la propriété de la chose, tandis que l'hypothèque de Secundus est postérieure en date. Au surplus, si l'on n'admet pas l'interprétation à laquelle nous nous rattachons, la solution du texte pourrait, comme on l'a fait, se justifier soit en considérant Titius comme possesseur de bonne foi, soit en disant que le paiement ultérieur, fait par le mandataire ou le mandant, aura un effet rétroactif au jour de la tradition (1). Il est, on le voit, bien des façons d'expliquer ce texte, qui, toutes, repoussent l'idée que l'on veut y trouver d'une prétendue naissance de l'hypothèque sur la *res debita* au jour même de la convention, système qui se baserait sur une rétroactivité absolue inadmissible (2).

---

1. Regelsberger, *Altersvorzug der Pfandrecht*, p. 75 et 93, cité par M. Jourdan.

2. Sentenis, cité par Pellat, *loc. cit.*, *suprà*.

Concluons donc sur la *res debita*, en disant que cette hypothèque est valablement consentie et qu'elle prend rang au jour de l'acquisition de la chose. Il n'y a pas à distinguer, nous semble-t-il, suivant que l'acquisition se réalise en la personne même du constituant, ou seulement en la personne de son héritier. Il n'y a pas de texte, croyons-nous, sur ce dernier point; mais les principes généraux sur la situation de l'*heres* commandent cette solution. Observons enfin que le langage des textes sur l'hypothèque de la *res debita* doit faire dire que l'objet de l'hypothèque est bien la chose elle-même et non pas le droit de créance.

2° *Hypothèque conditionnelle de la « res aliena. »* — On sait quelle grande influence exerce la condition sur le sort des actes juridiques : sa présence, tantôt vicie une opération qui sans elle serait valable, tantôt vivifie un acte qui serait nul s'il avait été fait purement et simplement. Nous trouvons ici une application de ce dernier phénomène. Hypothéquer purement et simplement la chose d'autrui, c'est nul en principe ; hypothéquer cette même chose sous la condition, *si mea facta fuerit*, c'est valable. Ainsi le décide la loi 16 § 7. D. 20 1 : *Aliena res potest utiliter obligari sub conditione : si debitoris facta fuerit*. Et pourquoi n'aurait-on pas admis la validité de cette convention ? L'hypothèque se constituant par simple pacte, ne répugne nullement à l'insertion d'une modalité, terme ou condition (2). D'autre part, il ne faut pas perdre de vue que l'hypothèque est un instrument de crédit, et qu'il doit être permis au débiteur de battre monnaie, en quelque sorte, avec les biens qu'il pourra acquérir, hormis les choses dé-

1. *Contrà* Machelard, *op. cit.*, p. 132.
2. L. 13 § 5. D. 20 1 ; — l. 7 § 1. D. 20-4.

pendant d'une succession future, lorsque le créancier veut
bien se contenter d'une sûreté aussi aléatoire. Observons
enfin qu'il y a dans cette validité un correctif à la rigueur
montrée par la législation romaine au sujet de l'hypothèque de la *res aliena*.

Ici, comme dans le cas précédent, peut se poser la question de savoir à quel moment l'on doit placer la naissance
de l'hypothèque. Pour nous, l'hypothèque datera seulement du jour où la chose aura été acquise. Parlera-t-on de
la rétroactivité de la condition ? Mais d'abord, il ne s'agit
pas ici d'une véritable condition ; l'acquisition à réaliser
est une nécessité juridique qui n'a que l'apparence d'une
condition. C'est un de ces évènements dont les Romains
disaient qu'ils ont *speciem non etiam vim conditionis*, et
auxquels on n'applique pas les principes de la condition.

Au surplus, si l'on voulait voir là une vraie condition, la
rétroactivité n'en découlerait pas davantage, car c'est une
règle en matière hypothécaire, que la condition ne rétroa-
git pas quand elle dépend de la seule volonté du débiteur.
L. l. 9 § 1, 11 § 2. D. 20-4. — Quant à la loi 3 § 1. D. 20-4,
qu'on pourrait nous objecter, l'explication vient d'en être
donnée.

Comme dans le cas précédent, il importe peu que l'acquisition se réalise dans la personne du constituant, ou *ex
persona heredis*. De l'hypothèque conditionnelle de la *res
aliena*, nous devons rapprocher les deux situations suivantes. Que décider si un propriétaire conditionnel ou un
créancier conditionnel d'une chose consentent hypothèque ? Y a-t-il un acte valable, en ce sens que l'hypothèque naîtrait quand le constituant deviendrait proprié-

---

1. Jourdan, *op. cit.,* p. 307 ; Pellat, *op. cit.,* p. 40, note 15.

taire ? Ne pourrait-on pas dire, en faveur de l'affirmative, que, dans ces deux cas, l'hypothèque est constituée sous la condition tacite : *si res mea facta fuerit ?* Nous ne le pensons pas. Si on acceptait, en effet, ce raisonnement, il conduirait à dire que lorsqu'un *non dominus* hypothèque la chose d'autrui, on pourrait interpréter cette convention de la manière suivante : « J'hypothèque cette chose que je crois mienne, serait censé dire le constituant, et, si elle ne m'appartient pas, je déclare l'hypothéquer pour le cas où je viendrais à l'acquérir par la suite. » En sorte que, avec une condition sous-entendue , l'hypothèque de la *res aliena* serait valable, en principe, au lieu d'être nulle. Nous décidons, par conséquent, que la constitution d'hypothèque, éventuellement faite par un propriétaire ou un créancier conditionnel de la chose, est inefficace. Cependant, nous dira-t-on, si l'hypothèque consentie sur une *res debita* est valable, n'est-ce point parce qu'on trouve alors la condition tacite : *si res mea facta fuerit ?* Nullement; et M. Jourdan nous paraît avoir tort, quand il envisage ainsi l'hypothèque de la *res debita* (1). M. Trolley a fort justement montré le côté défectueux de ce raisonnement au point de vue des deux hypothèses que nous envisageons, et il établit très naturellement la différence qui existe entre l'hypothèque constituée par le créancier pur et simple et celle constituée par le propriétaire conditionnel : « Le premier est sûr dès l'origine d'obtenir la propriété, l'incertitude au contraire se mêle au droit du second (2). »

Si l'on nous objecte, enfin, que l'incertitude du droit d'un propriétaire conditionnel n'est pas une raison suffisante

1. *Op. cit.*, p. 365.
2. *Op. cit.*, n° 37.

pour prononcer la nullité de l'hypothèque qu'il consent, puisqu'il y a tout autant d'incertitude, sinon plus, quand un *non dominus* hypothèque sous la condition : *si res mea facta fuerit*, nous répondrons qu'il y a un côté de la question que l'on laisse dans l'ombre. Quand un *non dominus* hypothèque avec la condition précitée, l'opération est conforme à l'*elegantia juris* : il y a incertitude, il est vrai, quant à l'acquisition de la chose, mais les parties ont eu soin de lier expressément le sort de l'hypothèque à l'éventualité du droit de propriété chez le constituant. Lors, au contraire, qu'un propriétaire hypothèque la chose purement et simplement, nous sommes en présence d'une sorte de convention prépostère, puisque, ce qui est présenté comme certain, actuel, c'est-à-dire l'hypothèque, dépend de quelque chose d'incertain, de futur, à savoir, l'acquisition de la propriété. Il y a donc quelque chose de boîteux dans une pareille convention. L'équilibre sera naturellement rétabli si on subordonne l'hypothèque à la même condition qui rendra le constituant propriétaire.

Notre conclusion est donc que le créancier ou le propriétaire conditionnel ne peuvent constituer hypothèque sur la chose, à moins qu'ils ne prennent soin de dire, comme un *non dominus*, absolument étranger à la chose, *si res mea facta fuerit*.

3° *Hypothèque des biens à venir*. — Une pareille hypothèque porte sur les biens qui ne sont pas dans le patrimoine du constituant au jour de la convention. Elle échappe cependant à la nullité qui s'attache à l'hypothèque de la *res aliena*. Nous lisons en effet dans la loi 15 § 1. D. 20-1 : la règle d'après laquelle le créancier doit prouver que la chose était dans les biens du débiteur au temps de la convention, ne s'applique qu'à l'hypothèque spéciale et non aux conventions où, après avoir hypothéqué spécialement certaines choses, on ajoute que les autres biens du débiteur, tant ceux qu'il a présentement que ceux qu'il acquerra par la suite, seront obligés comme s'ils avaient été hypothéqués spécialement.

Nous ne faisons pas rentrer dans la catégorie des biens à venir ce que les Romains appellent des *res futuræ* : croît des troupeaux, enfant à naître d'une esclave ; ces choses peuvent très bien être hypothéquées par avance (l. 15. pr. D. 20-1), mais il faut que l'esclave, l'animal, se trouvent dans les biens du débiteur au moment de la convention (l. 11 § 3. D. 20-4).

Comme dans les hypothèses précédentes, nous avons deux questions à résoudre : les acquisitions faites *ex-persona heredis* seront-elles affectées par l'hypothèque générale, consentie par son auteur, sur les biens à venir ? Et, en second lieu, à quel moment prend naissance l'hypothèque générale constituée sur les biens que l'on acquerra plus tard ?

A la première question, il est aisé de répondre. La loi 29 pr. D. 20-1, décide, en effet, que les biens seuls qui se trouvent dans le patrimoine du défunt peuvent être recherchés par le créancier d'hypothèque générale, mais non les biens qui appartiennent en propre à l'héritier. L'équité commandait d'ailleurs une telle solution.

La seconde question soulève plus de difficulté. Nous ne pensons pas que notre sujet comporte l'examen approfondi d'une question se rattachant plus particulièrement au commentaire du titre *qui potiores in pignore*. Mais, tout au moins, devons-nous indiquer, avec notre solution, les principaux éléments de la controverse. Comme dans les cas précédents, nous pensons que l'hypothèque naîtra seule-

ment au jour où les biens seront acquis par celui qui a constitué une hypothèque sur ses biens à venir. Les raisons de
principe qui motivent cette solution et qui font écarter
l'idée de rétroactivité nous sont déjà connues. Quant aux
textes, il en est deux principaux que l'on fait intervenir,
l'un en notre faveur, l'autre en sens contraire. Et d'abord
montrons l'intérêt de la question. Un débiteur consent à
Primus une hypothèque sur ses biens à venir ; plus tard, il
consent à Secundus une autre hypothèque générale sur ses
biens à venir. ou une hypothèque spéciale sur tel bien à
acquérir. Lorsque, après cela, des biens sont acquis par le
débiteur, il s'agit de savoir si Primus doit l'emporter sur
Secundus, ou concourir avec lui. Dans notre système, Primus et Secundus doivent concourir. Tel est aussi le sentiment du jurisconsulte Ulpien, dans la loi 7, § 1. D. 20-4, où
il rapporte, en se l'appropriant, l'opinion de Marcellus : si
je vous ai hypothéqué, dit-il, tout ce que je dois acquérir,
et que j'ai hypothéqué spécialement à Titius un fonds, si
j'en deviens propriétaire ; que j'acquiers ensuite la propriété de ce fonds, Marcellus pense que *les deux créanciers
concourront sur le gage.* Car la circonstance que le débiteur a payé de ses deniers est peu importante, puisqu'une
chose acquise avec des deniers engagés à un créancier
ne lui est pas engagée par cela seul que l'argent l'était. »

L'opinion contraire invoque plus particulièrement les
lois 9, § 4 et 21 pr. D. 20-4. Laissons de côté le premier de
ces textes que nous retrouverons plus tard dans notre chapitre II. Voici la disposition de la loi 21 : « Titius a engagé
tous ses biens présents et à venir à Seia pour la somme
qu'il avait été condamné à lui payer pour compte de tu-
telle. Ensuite, ayant emprunté de l'argent au fisc, il lui a
engagé tous ses biens (*res suas omnes pignori obligarit*)

Il a payé à Seia une partie de sa dette, et lui a promis le restant de la somme, en faisant novation, et cette nouvelle obligation a été accompagnée, comme la première, d'une convention de gage. On a demandé si Seia devait être préférée au fisc, et sur les biens que Titius avait au temps de la première obligation, et sur ceux qu'elle avait acquis depuis, jusqu'à ce qu'elle ait obtenu la totalité de sa créance. Le jurisconsulte a répondu qu'il ne voyait rien qui mit obstacle à ce qu'elle fût préférée. »

Faisons d'abord deux observations sur ce texte. En premier lieu, la novation intervenue après que la créance du fisc était née, est sans effet sur la question, parce qu'on a rattaché à la nouvelle dette les garanties de l'ancienne (l. 11, § 1, D. 13-7). D'autre part, à l'époque de Scévola à qui appartient la loi 21, le fisc n'avait pas une hypothèque générale tacite et privilégiée, création qui fut l'œuvre de Caracalla (l. 1 et 2, C. 8-15).

Ces préliminaires posés, le fisc, invoquant, de même que Seia, une hypothèque générale conventionnelle, comment se fait-il qu'il n'y ait pas concours entre eux ? Nous acceptons l'explication proposée par Accurse et reproduite par Cujas : la loi 21 pr. n'est pas en contradiction avec la loi 7, § 1, car les hypothèses ne sont pas les mêmes. Dans la loi 7, § 1, il s'agit de deux créanciers auxquels un même bien se trouve avoir été affecté ; dans la l. 21 pr. au contraire, Seia a, d'une part, une hypothèque sur les biens présents, antérieure en date à celle du fisc ; et, quant aux biens à venir, Seia seule peut invoquer un droit d'hypothèque sur ces biens, et nullement le fisc dont l'hypothèse porte seulement sur les biens présents, *res suas omnes obligarit*. C'est, en effet, Justinien qui décida que l'hypothèque de tous biens comprendrait les biens à venir (l. 9, C. 8-17).

En terminant, nous nous permettrons de poser la question suivante aux adversaires de la théorie du concours, lesquels, à défaut de principe, prétendent faire reposer leur système sur l'équité. Prenons le bien A acquis aujourd'hui par un débiteur qui a successivement conféré à Primus et à Secundus une hypothèque générale sur biens à venir. Avant d'être acquis par le débiteur, l'immeuble A appartenait à une personne qui a conféré à Seius une hypothèque postérieure en date aux conventions faites par le débiteur avec Primus et Secundus. Le système que nous combattons pousserait la logique jusqu'au bout, en soutenant que Primus et Secundus doivent être préférés à Seius ? Nous ne le croyons pas, car l'équité que l'on prétend invoquer pour faire passer Primus avant Secundus, serait violée si Seius qui a obtenu une hypothèque du propriétaire actuel était primé même par Secundus. Il n'y aurait plus de sécurité pour un créancier hypothécaire. Et si on refuse d'aller jusque-là, n'est-ce pas reconnaître qu'une hypothèque ne peut remonter plus haut que le moment où l'acquisition du bien se produit (1) ?

Nous avons recherché dans la section première quand il y a hypothèque de la *res aliena*, étudions maintenant la nullité qui s'attache à une telle hypothèque.

SECTION II.

Nullité de l'hypothèque de la res aliena.

Conformément aux principes qui ont été exposés au début de ce travail, il faudrait dire que l'acte par lequel on a

1. Dans le sens de l'opinion admise au texte, V. Jourdan, *op. cit.*, p. 308-317 et les auteurs français et allemands cités par lui. *Contrà* Machelard, *op. cit.*, p. 142-154.

hypothéqué la chose d'autrui est dépourvu de tout effet, que c'est un acte inexistant. Tel n'est pas cependant le point de vue des jurisconsultes romains ; ils admettent qu'un pareil acte est susceptible d'être ratifié par le *dominus*. D'autre part, si, en l'absence de cette ratification, l'opération intervenue ne peut modifier la situation du *dominus, inter partes*, au contraire, la convention d'hypothèque sur une *res aliena* ne sera pas dénuée de tout effet. Tels sont les divers points que nous allons développer, en étudiant dans un paragraphe premier les effets de la nullité, et dans un paragraphe second comment cette nullité peut disparaître.

1° *Effets de cette nullité.* — Pour le *dominus*, la convention dont sa chose a été l'objet, est une *res inter alios acta*. Il conserve donc, comme entiers, tous ses droits et actions, moyens possessoires ou pétitoires. Nous avons déjà eu l'occasion d'observer que l'hypothèque ne pouvait être acquise par usucapion ; l'usucapion repose en effet sur la possession prolongée, or l'hypothèque est une *res incorporalis*. La théorie romaine de l'hypothèque est, il est vrai, basée sur la possession, en ce sens que le créancier hypothécaire peut se faire mettre par l'action quasi-servienne en possession de la chose. Mais il ne faut pas confondre la chose, *res corporalis*, susceptible de possession, avec l'hypothèque qui présente un tout autre caractère. La quasi-possession que le préteur admit, en matière de servitude, ne le fut pas pour l'hypothèque, parce que celle-ci n'implique aucun état de sujétion, aucun empiétement qui puisse mettre en éveil la diligence du propriétaire, à la différence des servitudes. Donc pas de *præscriptio longi temporis* pour l'hypothèque ; pas davantage d'usucapion, car, au surplus elle est un mode d'acquérir la propriété quiritaire, étrangère par conséquent à la constitution d'hypothèque.

Quant à voir dans l'hypothèque consentie a *non domino*
un juste titre permettant au créancier hypothécaire qui se
serait fait mettre en possession, d'usucaper la chose, il ne
faut pas s'y arrêter. Le jurisconsulte Paul écrit : *pignori
rem acceptam usu non capimus,quia pro alieno possidemus* (l. 13, pr. D. 41-3). Or il ne faut pas entendre ce texte
en ce sens seulement que le créancier gagiste ou hypothécaire ne peut pas usucaper à l'encontre du débiteur, parce
qu'il est un détenteur précaire, mais encore qu'il ne peut
pas usucaper vis-à-vis d'une personne quelconque, parce
qu'il n'a pas l'*animus domini*.

Il n'y a donc pas de prescription acquisitive possible
dans les rapports du *dominus* et du créancier hypothécaire, par l'effet de la constitution d'hypothèque a *non
domino*. Mais il y a place pour la prescription extinctive,
c'est-à-dire que, au bout de 30 ans, un créancier hypothécaire qui aurait eu, pendant ce temps, la possession de la
chose, pourrait repousser la revendication du *dominus*.
D'autre part, ce même créancier hypothécaire mis en possession, pourra, en sa qualité de détenteur précaire,
parachever le délai d'usucapion commencé en la personne
du débiteur; et, comme le *corpus* seulement (1) appartient
à ce créancier hypothécaire, il faut, mais il suffit que les
autres conditions requises pour l'usucapion, se réalisent
en la personne du débiteur.

En somme, par elle-même, la constitution d'hypothèque
a *non domino* ne change rien à la situation du propriétaire. Nous avions raison, par conséquent, de dire que cet

---

1. Le créancier gagiste ou hypothécaire, mis en possession, a, il est
vrai l'*animus possidendi*, utile pour l'exercice des interdits, mais absolument étranger à la question de l'usucapion.

acte est dénué de tout effet à l'égard du *dominus,* en ce sens que ses droits ne subissent aucune atteinte.

Voyons maintenant les rapports des parties entre lesquelles a eu lieu la convention d'hypothèque. Elles ont fait un acte nul, cela est vrai ; mais elles ont voulu se lier de manière que le créancier obtint une garantie : or, il est possible de donner une certaine sanction à cette convention. Supposons, en effet, que le créancier hypothécaire, ayant obtenu hypothèque sur une chose possédée de mauvaise foi (1) par le débiteur, soit mis en possession de la chose, la vende et soit reliquataire d'une certaine somme. Il faut évidemment que le débiteur, exposé à l'action en indemnité du propriétaire de la chose, puisse récupérer ce reliquat du prix. Il le fera par l'*actio pigneratitia directa :* car l'hypothèque n'est qu'un gage perfectionné.

Schilling (2) a donc pu dire, en comprenant dans l'expression de gage, le gage proprement dit et l'hypothèque : « Quand même la constitution de gage sur la chose d'autrui n'est pas valable, les rapports obligatoires qui résultent du contrat de gage s'établissent néanmoins entre les contractants. »

Dans l'exemple que nous avons choisi ci-dessus, nous avons montré que le débiteur pouvait avoir intérêt à exercer l'*actio pigneratitia.* Quant au créancier, il a un intérêt évident à obtenir par l'*actio pigneratitia* une réparation pour le préjudice que lui cause le défaut de droit du débiteur, qui lui avait constitué hypothèque. Dans les

---

1. Nous verrons plus loin que le possesseur de bonne foi qui pouvait invoquer la Publicienne peut constituer une hypothèque douée de la même énergie que son propre droit.

2. Traduction Pellat, *op. cit.*, p. 39, note 11.

textes que nous avons relevés, se rapportant au gage et à l'hypothèque, l'*actio pigneratitia* est tantôt exercée par le créancier, tantôt par le débiteur. Nous allons en indiquer rapidement la substance :

Si mon débiteur m'a donné en gage la chose d'autrui, il faut dire qu'il y aura lieu à l'action pigneraticienne contraire (l. 9, pr.et l. 32. D. 13-7).

Celui-là même qui a donné en gage la chose d'autrui peut, après avoir payé, exercer l'action pignératicienne (l. 9, § 4. D. 13-7).

Le créancier a l'action pignératicienne contraire. En conséquence, si le débiteur a donné en gage une chose appartenant à autrui, il sera tenu de cette action, quoiqu'il encourt d'ailleurs la poursuite criminelle du stellionnat. Mais n'en est-il ainsi qu'autant qu'il savait ne pas être propriétaire de la chose ? Ou en sera-t-il tenu quand même il l'a ignoré ? A l'égard de la poursuite criminelle, l'ignorance l'excuse; mais quant à l'action contraire, l'ignorance n'est pas pour lui une excuse, comme l'écrit Marcellus au livre 6, *Digestorum*. Mais si le créancier savait que la chose qu'il recevait appartenait à autrui, il n'aura pas l'action contraire (l. 16, § 1. D. 13-7).

Si une chose a été donnée en gage par celui qui la possédait de mauvaise foi, l'action pignératicienne lui compétera même pour les fruits, quoique lui-même ne fasse pas les fruits siens : car le possesseur de mauvaise foi peut être actionné par la revendication pour les fruits existant, et par la *condictio* pour les fruits consommés, Il profitera donc de ce que le créancier a été possesseur de bonne foi (l. 22, § 2. D. 13-7) (1).

1. Comp. Jourdan, *op. cit.*, p. 501, texte et note 19.

Les textes qui suivent visent spécialement l'hypothèque consentie *a non domino*.

Dans la constitution 3, § 4. C. 6-43 Justinien nous parle d'un héritier qui a vendu ou hypothéqué des objets qui avaient été légués sous condition, et nous fait connaître la situation de l'acheteur ou du créancier hypothécaire qui se trouvent évincés par suite de la réalisation de la condition : ce dernier, nous dit le texte, sera armé contre le débiteur de l'action pignératicienne contraire.

Enfin, à notre titre, au Code, 8-16, la constitution 6 prévoit l'espèce suivante. Une mère, après avoir fait donation d'un immeuble à ses enfants, l'a hypothéqué à son créancier. Quel sera le résultat d'un tel acte ? Les empereurs nous disent que cette mère ne causera aucun préjudice aux propriétaires de l'immeuble, mais qu'elle sera tenue en vertu de l'action pignératicienne contraire. Et la preuve qu'il s'agit bien là d'une hypothèque et non d'un gage proprement dit, c'est le motif donné par le texte à l'appui de sa solution : la formule de l'action hypothécaire ou quasi-servienne veut, en effet, que pour hypothéquer une chose, on l'ait *in bonis*.

Concluons, pour ce qui concerne les rapports des parties, que le créancier hypothécaire qui reçoit une hypothèque *a non domino*, se trouve évincé de ce qui faisait l'objet de la convention. Or, l'hypothèque étant une opération à titre onéreux, le créancier évincé a droit en garantie en vertu des principes généraux. Pour que cette garantie exercée par l'action pignératicienne contraire, puisse avoir lieu, il faut, mais il suffit, que le créancier ait été de bonne foi : peu importe, nous l'avons vu, la bonne ou la mauvaise foi du débiteur qui a constitué l'hypothèque.

4

Quant à l'effet de la garantie, il consistera soit dans l'obligation pour le débiteur de donner au créancier une hypothèque valable, soit, à défaut de ce moyen, dans la déchéance, malgré la solvabilité du débiteur du terme qui lui a été accordé.

§ 2. — Comment la nullité peut disparaitre.

Lorsqu'une hypothèque a été consentie *a non domino*, il n'y a rien de fait. On ne peut donc parler ici, pour donner efficacité à cet acte, d'une ratification au sens juridique du mot, qui pourrait émaner du propriétaire. Il ne s'agit pas en effet, de faire disparaître un vice affectant une opération existante ; il y a plus, l'opération même n'existe pas, c'est le néant. Donc, pour atteindre le résultat cherché par la convention, c'est à-dire la constitution d'une hypothèque, il faut refaire l'opération en substituant ce propriétaire au *non dominus*. Ainsi le voudrait la rigueur des principes ; et c'est ce qui a lieu, en effet, pour les actes tels que la *mancipatio*, l'*in jure cessio*, quand ils sont accomplis *a non domino*. Mais plus souple est la nature de l'hypothèque qui se constitue par simple pacte ; et, sans contredire ce qui précède, on peut affirmer que le consentement donné *in continenti* ou *post intervallum* par le propriétaire dont la chose est ou a été hypothéquée par autrui, a pour résultat de valider la convention qui était nulle, inexistante par elle-même.

En effet, si, au point de vue juridique, la constitution d'hypothèque *a non domino* équivaut au néant, en réalité cependant, il y a eu quelque chose, et l'opération a tout au moins la valeur d'un fait, c'est indéniable. Nous venons même de constater, dans le paragraphe précédent, que, dans les rapports des parties, des actions naissaient de cette convention inefficace. Or, on ne contestera pas que le *dominus*, dont la chose avait été hypothéquée à son insu, ne puisse, par un acte de sa volonté, se référer à un fait accompli, à savoir la convention dont sa chose a été l'objet. Et s'il déclare donner son adhésion à ce qu'on a voulu faire, pourquoi ne dirait-on pas qu'il valide ainsi la convention nulle par elle-même ? Il ne s'agit pas ici d'une confirmation véritable, d'une ratification proprement dite, telles qu'on les rencontre quand il s'agit d'un contrat annulable ou rescindable. Tout autre est le cas qui nous occupe. Nous sommes en présence d'une convention qui présentait réunis tous les éléments requis pour la perfection d'une convention en général, mais elle ne pouvait produire d'effet, parce qu'elle nuisait, d'une part, à une personne qui n'avait pas figuré dans l'opération, et que, d'autre part, le but cherché ne pouvait être atteint sans l'intervention du propriétaire, à savoir la constitution d'un droit réel sur la chose de ce dernier. Mais que ce propriétaire donne son assentiment, et, tout aussitôt, le double motif de la nullité disparaît, puisque, d'un côté, celui qui était un tiers devient une partie à la convention, et que, d'un autre côté, le simple consentement suffit pour la création du droit réel d'hypothèque.

En un mot, et pour rendre notre pensée plus saisissante, voici comment nous envisageons l'opération. Primus, créancier de Secundus, a déclaré qu'il désirait une hypothèque sur le fonds A. Je vous la concède, lui a répondu Secundus, qui, n'étant pas propriétaire, a fait ainsi une réponse inutile, a parlé pour ne rien dire. Tenant donc pour non-avenues les paroles de Secundus, nous restons en

présence de la demande de Primus. Que Tertius, le *verus
dominus*, intervienne alors et dise : « Je consens à Primus l'hypothèque qu'il réclame, » et nous avons ainsi le
second terme nécessaire pour que le *vinculum juris* soit
formé.

Ces explications nous ont paru nécessaires pour faire
comprendre comment le consentement donné par le propriétaire avait pour résultat de valider, en dehors de toute
idée de confirmation proprement dite, la convention qui
était nulle par elle-même (1-2).

Ces prémisses posées, il est facile d'en dégager les conséquences suivantes : le consentement du *dominus* peut
se produire au moment même de la convention faite entre
le créancier et le non-*dominus,* ou bien après coup. Dans
l'un et l'autre cas, le consentement peut être exprès ou
tacite.

Les textes justifient pleinement toutes les conclusions
que nous avons obtenues par la seule voie du raisonnement. Groupons ces textes en parlant successivement du
consentement donné par le *dominus in continenti* ou *post
intervallum.*

In continenti. On peut donner en gage la chose d'autrui
du consentement du propriétaire (1. 20. pr. D. 13-7). Exprès
dans ce cas, le consentement pourra n'être que tacite dans
d'autres. Telle est d'abord l'hypothèse de la loi 26 § 1. D.
20-1. Il s'agit d'un fils émancipé qui a libellé de sa main un

---

1. Trolley, *op. cit.*, n° 48.

2. Très délicate est la question que nous venons d'examiner; mais la
solution est facile, en présence des textes qui la présentent de la façon
la plus nette. Bien plus grande est la difficulté en droit français, à cause
précisément du silence des textes. La question se pose dans notre droit
pour la vente et l'hypothèque de la chose d'autrui. — Voir Colmet de Santerre, t. IX, 72 *bis* ; Aubry et Rau, 4ᵉ édit., t. III, p. 260 268.

écrit par lequel son père déclarait hypothéquer l'immeuble
A appartenant au fils. Celui-ci ayant renoncé à la succession de son père (1), on s'est demandé s'il pouvait posséder
cet immeuble comme libre d'hypothèque. Modestin a répondu : Attendu que Seius, le fils, a écrit de sa main que
sa maison serait engagée, il est manifeste qu'il a donné
son consentement à cette hypothèque. On assimile au consentement tacite le cas où le propriétaire, sachant que sa
chose est donnée en gage, garde le silence pour induire
en erreur le créancier (l. 2. C. 8-16).

Post-Intervallum Si la chose a été donnée en gage à
l'insu du propriétaire, et qu'il ait ratifié, le gage vaudra,
dit la loi 20. pr. D. 13-7. C'est ce qui résulte également *a
contrario* de la loi 7. C. 8-16 : un tuteur ayant, dans son
propre intérêt, hypothéqué le fonds d'un impubère qui ne
ratifie pas l'opération *post perfectam œtatem*, l'hypothèque est nulle. Dans la loi 5 § 2. D. 20-2 nous voyons que
le consentement donné, après coup, par le propriétaire
peut n'être que tacite. L'hypothèse de cette loi est même
assez remarquable. Il s'agit d'une personne qui se porte
fidéjusseur, alors qu'une chose à elle appartenant a été hypothéquée par le débiteur ; et le jurisconsulte nous dit que,
par le fait du cautionnement, elle autorise en quelque sorte
l'engagement de la chose. Le texte ne nous dit pas si le
fidéjusseur avait eu connaissance de la convention d'hypothèque, mais il faut évidemment le supposer, pour que
l'on puisse conclure du cautionnement donné à l'idée de
confirmation tacite de l'hypothèque. Et même, dans ces
conditions, nous ne cacherons pas que la solution du jurisconsulte nous paraît bien rigoureuse pour le fidéjusseur

---

1. On écarte ainsi une difficulté que nous rencontrerons ci-dessous.

dont l'intention a pu être uniquement de fournir une garantie personnelle au débiteur, en conservant ses biens libres de toute hypothèque. Nous pensons, d'ailleurs, que, comme il s'agit en somme de rechercher la volonté du *dominus*, le juge romain devait s'éclairer des diverses considérations de fait avant de dire si tel ou tel acte pouvait être entendu dans le sens d'une confirmation. La loi précitée décide *in fine* que si la chose du fidéjusseur avait été hypothéquée après qu'il a cautionné, elle ne sera pas obligée ; ce qui est fort naturel ; car le fidéjusseur n'a pu songer à un évènement qui n'était pas accompli à l'époque du cautionnement.

Voilà donc établi le principe d'après lequel le *dominus* peut, par son consentement, rendre efficace la constitution d'hypothèque faite *a non domino*. Lorsque ce consentement est donné *in continenti*, pas de difficulté, quant au moment de la naissance de l'hypothèque. Lors, au contraire, qu'il y a ratification, *ex post facto*, de quel jour datera l'hypothèque ? du jour de la convention faite avec le *non dominus*, ou du moment où la confirmation se produit ? On pourrait soutenir avec raison, je crois, que l'hypothèque prendra seulement naissance au moment où le *dominus* ratifie, parce que c'est alors seulement que la convention d'hypothèque devient valable ; et cette solution serait en harmonie avec celles que nous avons données toutes les fois qu'une question de rétroactivité a pu se poser. C'est une règle contraire qui semble cependant avoir été acceptée par les jurisconsultes romains. La loi 16, § 1, D. 20 1 décide, en effet, que, si une chose a été hypothéquée à l'insu du propriétaire, et que celui-ci ratifie ensuite, il faut interpréter sa ratification dans le sens de la rétroactivité. Mais la partie finale du texte nous donne la véritable solution :

avant tout, y est-il dit, il faudra rechercher l'intention du
dominus. La question n'a pas d'ailleurs un très grand intérêt, car le *dominus* ayant pu consentir toutes sortes de
droit sur sa chose, avant la ratification, ne saurait ensuite
porter atteinte aux droits antérieurement établis. Disons,
en d'autres termes, que la ratification, dans les cas où elle
rétroagirait, ne serait pas opposable aux tiers auxquels le
propriétaire aurait préalablement donné des droits sur la
chose.

Nous avons ainsi déterminé comment la nullité de l'hypothèque de la *res aliena* pouvait disparaître. Rappelons
également qu'il y aura disparition plus ou moins complète
de la nullité toutes les fois que nous serons en présence
d'une *versio in rem domini* (l. 1, C. 8-16). Dans la mesure
de l'enrichissement procuré, le *dominus* sera irrecevable
à opposer au créancier hypothécaire la nullité de l'hypothèque. Ce point se rattache à la question plus générale de
savoir qui peut invoquer la nullité de l'hypothèque de la
res aliena. Peuvent naturellement l'invoquer le *dominus*
et ses ayant-cause. Quant au constituant et à ses ayant-
cause, peuvent-ils se prévaloir de la nullité, le constituant
étant devenu plus tard propriétaire de la chose ? C'est ce
que nous allons voir dans la suite de nos explications.

CHAPITRE II

Nous verrons cinq hypothèses dans lesquelles, il y a, à des degrés différents, exception au principe qui frappe de nullité l'hypothèque consentie *a non domino*.

1° Le constituant devient propriétaire *ex post facto* ;

2° Le *dominus* est héritier du constituant ;

3° Hypothèque consentie par un possesseur de bonne foi *in causa usucapiendi* ;

4° Hypothèque consentie par un héritier apparent ;

5° Hypothèse prévue par la Novelle 115, chap. III, § 13 *in fine*.

Observation. — Nous venons de dire que ces cinq hypothèses constituent, *à des degrés différents*, des exceptions à la règle que nous avons développée dans le chapitre premier. Nous entendons par là que le créancier hypothécaire sera diversement protégé, suivant les circonstances : tantôt il n'aura qu'une exception, tantôt il sera armé d'une action. Nous observons, d'ores et déjà, que cette dernière ne sera qu'une action utile, parce que nous ne sommes plus ici sur le terrain de l'édit du préteur en matière hypothécaire.

Première exception. — Le constituant devient propriétaire. Une hypothèque a été consentie par un *non dominus*;

le droit réel hypothécaire ne saurait naître. Mais, par la
suite, le constituant devient propriétaire de la chose, l'hypothèque va-t elle prendre naissance ? Non, d'après les
principes, puisque la chose n'était pas *in bonis debitoris,*
au jour de la convention (l.3,pr. ; l. 15, § 1, D. 20-1 ; l. 23,
D. 22-3) et qu'il s'agit ici d'une constitution pure et simple,
non subordonnée à la condition, *si res debitoris facta fuerit* (l. 16, § 7, D. 20-1).

Est-ce à dire toutefois que dans une matière qui appartient au *jus prœtorium,* le préteur, ministre d'équité, va
laisser le créancier hypothécaire absolument désarmé,con-
sidérant comme non avenue la convention qui a été faite ?
Il ne pouvait évidemment en être ainsi. Comment et dans
quelle mesure le créancier sera-t-il protégé ? Distinguons,
pour cela, entre la défense et l'attaque, autrement dit, suivant que le créancier hypothécaire est ou non en possession de la chose.

Possède-t-il ? Le créancier hypothécaire opposera l'exception de dol à la revendication du constituant,et c'est justice, car celui qui doit garantir ne peut évincer. Telle est
la solution des textes : l. 1, pr. D. 20-1 ; l. 7, § 2, D. 14-6. Et
avec ces textes, d'ailleurs, il n'y a pas à distinguer suivant
que le créancier a ou non connu le défaut de propriété du
constituant. Nous ne nous servons pas du terme courant
« bonne ou mauvaise foi du créancier. » Car on l'a justement remarqué (1), quelle mauvaise foi y a-t-il de la part
d'un créancier hypothécaire à se faire donner une hypothèque sur une chose qu'il sait ne pas appartenir au débiteur,mais que ce dernier a, dans un grand nombre d'hypothèses, les plus grandes chances d'acquérir un jour ? Nous

1. Jourdan, *op. cit.*, p. 369, texte et note 45.

disons donc que le créancier, même lorsqu'il a connu le défaut de droit du constituant, est protégé par l'exception de
dol, car sa situation est préférable à celle du débiteur à un
double titre : d'abord, le créancier *certat de damno vitando;*
le débiteur *certat de lucro captando.* Y eut-il parité de situation, le créancier devrait encore l'emporter, car il a
l'avantage de la possession.

Mais voyons le cas où le créancier hypothécaire ne possède pas, et où, par conséquent, c'est sous forme d'action
qu'il doit faire valoir son droit. Lui accordera-t-on une action ? Non, d'après les principes rappelés plus haut. Mais
le préteur, corrigeant la rigueur du droit et sa propre formule vient au secours du créancier à l'aide d'une action
utile. L'équité commandait cette solution. Que manquait-il
en effet, à la convention pour qu'elle fût valable ? La qualité de propriétaire chez le constituant au jour de la convention. Cette lacune est comblée plus tard, et alors (il faut
le supposer) que les parties ont conservé leur situation première, c'est-à-dire en sont restées avec leur tentative de
constitution hypothécaire. Ne peut-on pas dire que chaque
jour, en quelque sorte, les parties sont censées reproduire,
en la maintenant, leur convention jusqu'au moment où, le
constituant acquérant la propriété, l'hypothèque peut prendre naissance. Voilà comment, par voie d'analyse et d'interprétation, on est conduit à décider que le débiteur ne
doit pas échapper aux suites de la convention qu'il a faite,
et que le créancier doit avoir une action pour poursuivre
son gage. Mais cette action, nous l'avons dit, ne sera qu'une
action utile : car on n'est plus dans les termes de la formule.

Pourquoi d'ailleurs le débiteur ne serait-il pas tenu en
équité ? De deux choses l'une : au moment où il a fait la

convention, il était de bonne ou de mauvaise foi, expressions qui sont ici mieux à leur place que lorsqu'on veut les
appliquer au créancier. S'il était de mauvaise foi, il ne mérite aucune faveur : il a trompé le créancier, et la punition
de sa faute consistera précisément à munir le créancier du
droit que le débiteur lui avait fait fallacieusement espérer.
Était-il de bonne foi ? Même alors, il a promis, et, s'il est
honnête, il doit se réjouir de l'évènement qui, en le ren-
dant propriétaire, lui permet de donner au créancier le
droit qu'il pensait lui avoir légitimement consenti.

Je laisse pour un instant dans l'ombre la question de
savoir si le créancier obtiendra l'action utile, qu'il soit de
bonne ou de mauvaise foi (1) ; et je cite les textes qui établissent l'existence d'une action utile pour le créancier. Ce
sont les lois 1. pr. D. 20-1 ; — 41. D. 13-7 ; — 5. C. 8-16.
Il est intéressant, pour ce qui va suivre, d'en donner la
traduction.

L. 1, pr. D. 20 1 : « Dans le cas où la convention d'hypothèque a porté sur la chose d'autrui, qui n'était pas dûe à
celui qui donnait le gage, si le débiteur en acquiert ensuite
la propriété, on accordera difficilement une action utile au
créancier qui n'a pas ignoré que la chose était à
autrui ; mais il aura plus facilement la rétention, s'il
possède. »

L. 41. D. 13-7 : « Vous avez donné en gage la chose
d'autrui, ensuite vous êtes devenu propriétaire de cette
chose, l'action (réelle) utile de gage est donnée au créancier. »

L. 5. C. 8-16 : « Une chose a été acquise par un débiteur
qui l'avait hypothéquée, alors qu'il n'était pas proprié-

---

1. J'emploie, *bruitatis causa*, ces expressions que j'ai critiquées plus
haut.

taire ; il est clair que le créancier n'aura pas l'action
ordinaire de gage ; mais l'équité exige qu'on lui accorde
facilement l'action réelle utile à l'exemple de l'action hypothécaire (1).

Voici mise hors de discussion l'action utile accordée au
créancier hypothécaire. Il est à peine besoin de faire
observer qu'il s'agit de l'action réelle, c'est-à-dire de l'action hypothécaire utile, et non de l'action pignératicienne
personnelle utile. Nous avons, en effet, préalablement
montré, que la seule constitution d'hypothèque *a non
domino*, en dehors de la survenance du droit de propriété chez le constituant, donnait naissance aux actions
pignératiciennes personnelles, lesquelles étaient alors
directes, et non point données *utiliter*. D'ailleurs le dernier texte cité parle de *persecutio*, expression qui désigne
bien une action *in rem*, et il base sur l'équité l'action utile
qui est donnée, ce qui ne peut s'entendre de l'action pignératicienne personnelle (2).

Il s'agit maintenant de savoir si tout créancier hypothécaire obtiendra l'action utile, qu'il soit de bonne ou de
mauvaise foi. La très grande majorité des interprètes
décide que, seul, le créancier de bonne foi pourra obtenir
du préteur l'action hypothécaire utile (3). Nous ne croyons
pas devoir accepter cette opinion, et nous pensons que le
créancier sera toujours armé de l'action utile, sans distinguer sa bonne ou mauvaise foi. Nous invoquons en faveur
de notre manière de voir, l'équité et les textes.

1. Nous empruntons cette traduction à l'ouvrage précité de Pellat.
2. Trolley, *op. cit.*, n° 32.
3. Pellat, *op. cit.*, p. 41, note 16 ; — Machelard, *op. cit.*, p. 133-134.
— Trolley, *op. cit.*, n° 32 , — Accarias, *op. cit.*, tome I, p. 664 ; Jourdan, p. *op. cit.*, 369.

L'équité. — C'est l'équité qui a fait décider que lorsque le débiteur devenait propriétaire de la chose, le créancier devait être secouru ; c'est elle, par conséquent, qui doit nous donner la mesure de la protection qu'il faut accorder au créancier. Or, y a-t-il quelque chose de répréhensible dans l'acte d'un créancier qui fait crédit à son débiteur, en consentant à prendre une garantie très aléatoire, le débiteur n'étant pas propriétaire du bien qu'il hypothèque à la sûreté de sa dette ? Voudrait-on que le créancier qui pense, à tort ou à raison, que le débiteur n'est pas propriétaire de la chose, lui présente des observations ? Mais le débiteur est bien mieux à même que le créancier de savoir s'il est ou non propriétaire ; et le créancier, fît-il des remontrances au débiteur, ce dernier qui, sans hypothèque, n'obtiendra peut-être ni argent ni crédit, n'affirmerait-il pas, à toutes chances, qu'il est effectivement propriétaire. Il n'y a en réalité, aucune violation de bonne foi, de la part d'un créancier, à recevoir une hypothèque sur un bien qu'il sait ou croit savoir n'être pas en la propriété du débiteur. Pourquoi donc ne pas le protéger à l'égal d'un créancier de bonne foi ?

Les textes. — Des trois textes que nous avons rapportés, les deux derniers accordent l'action utile, sans faire aucune distinction entre le créancier qui sait ou ignore avoir reçu hypothèque *a non domino*. Quant à la loi 1, pr. D. 20-1 de Papinien, c'est le texte qui sert de fondement à l'opinion que nous combattons ; mais ils nous sera facile de démontrer qu'il n'est pas en contradiction avec les deux autres. Les mots sur lesquels porte la controverse sont les suivants : *difficilius creditori qui non ignoravit alienum, utilis actio dabitur.* Il s'agit de savoir en quel sens doit être interprété l'adverbe *difficilius.* On cite le brocard : *facile est modeste affirmantis, difficile modeste negantis,* et l'on en conclut que Papinien, tout en employant un euphémisme, refuse l'action au créancier de mauvaise foi (1).

C'est dans ce texte qui est tout au moins douteux que nos adversaires veulent trouver le principe. Quant aux deux autres textes qui accordent l'action, on s'en débarrasse de la façon la plus singulière. M. Jourdan les passe complètement sous silence ; M. Accarias pense que « c'est une question de savoir s'ils ne sous-entendent pas la circonstance de bonne foi. » Laisser de côté les textes gênants ou y sous-entendre quelque chose, c'est un procédé que la critique ne peut admettre. M. Machelard cite bien les trois textes, mais quel que soit notre respect pour la mémoire du savant et regretté professeur, nous sommes obligés de dire que : 1° Il voit dans la loi 1. pr. D. 20-1 tout le contraire de ce qui s'y trouve ; 2° qu'il argumente d'un passage de la loi 41. D. 13-7 qui ne se réfère pas du tout à notre hypothèse ; 3° que l'argument qu'il tire de la loi 5. C. 8-16 est faible et non probant. Reprenons chacune de ces trois propositions : 1° « Dans la loi 1. pr., dit M. Machelard (2), Papinien compare entre elles deux positions possibles pour le créancier, selon qu'il possède ou qu'il ne possède pas. Dans le premier cas où l'exception suffit, Papinien est très disposé à l'autoriser, *facilius erit possidenti retentio* ; mais si la voie d'une action est nécessaire, le jurisconsulte hésite à la donner, *même en faveur du créancier de bonne foi.* On ne peut donc le soupçonner d'avoir eu la pensée d'étendre au créancier de mauvaise foi une dérogation aux principes qui régissaient la consti-

1. Jourdan, *Op. cit.*, note 43.
2. *Op. cit.*, p. 133.

tution des hypothèques, puisqu'il ne l'admettait que difficilement en faveur du créancier de bonne foi, et par égard
pour cette bonne foi. »

Cette interprétation du texte est tout à fait contraire à
son contenu. Il suffit de le lire pour voir que Papinien
s'occupe *uniquement* du créancier de mauvaise foi « *qui
non ignoravit alienum.* » Le *difficilius* a donc trait seulement à cette hypothèse. Nous nous demandons comment
le savant professeur que nous combattons a pu supposer
que « Papinien admettait difficilement l'action utile en faveur du créancier de bonne foi. » Papinien était trop pé-
nétré du sentiment de l'équité pour mettre en doute l'octroi d'une action utile à un pareil créancier. Nous croyons
superflu d'insister davantage sur cette réputation ; mais
nous ne pouvons nous empêcher d'ajouter que, dans l'opinion de M. Machelard sur cette loi, en donnant à *difficilius* le sens d'une négation, il en résulterait que Papinien
refusait l'action utile même au créancier de bonne foi !

2° Etant admis que Papinien distinguait entre le créancier de bonne et de mauvaise foi, M. Machelard, après
avoir reconnu que les lois 41. D. 13-7 et 5. C. 8-16 se tai-
sent sur la condition de bonne foi, essaie cependant de se
débarrasser de ces deux textes. Il découvre dans la loi 41
la distinction même de Papinien. « On peut retrouver la
distinction de Papinien dans la loi 41. Paul, en accordant
l'action au créancier, suppose qu'il se trouve en présence
d'un débiteur qui l'a trompé, et qu'il peut convaincre de
mensonge « *ut ex suo mendacio arguatur,* » reproche
qui ne se comprendrait pas dans la bouche de celui qui
aurait été édifié sur les droits de son débiteur (1). » Mais

1. *Op. cit*, p. 134.

ces mots de la fin du texte se réfèrent à une hypothèse qui
n'est pas la nôtre. La première phrase de la loi 41 s'occupe
seule du cas où le constituant devient propriétaire. La suite
du texte parle du cas où le propriétaire devient héritier
du constituant, ce qui constitue notre deuxième exception.

3° Reste la loi 5. C. 8-16. Pour l'écarter, M. Machelard
oppose l'esprit de sa disposition à sa lettre. « Ce n'était
qu'en s'appuyant sur des considérations d'équité que la jurisprudence romaine venait, par une action utile, au secours du créancier « *æquitatem facere ut utilis persecutio detur*. » Or ces considérations ne sauraient être invoquées par le créancier de mauvaise foi. Remarquons d'a-
bord le côté faible d'une interprétation qui s'appuie sur
l'esprit d'un texte pour en combattre la solution la plus
nette. Au surplus, l'argument, s'il avait quelque valeur, ne
serait pas probant, car nous avons pris soin d'établir plus
haut comment l'équité, loin d'être violée, si le créancier
dit de mauvaise foi avait l'action utile, le serait, au contraire, si l'action lui était refusée.

Nous pensons avoir établi ce qu'a de défectueux le système que nous combattons. Interprétant les textes comme
ils doivent l'être, nous concluons que le créancier hypothécaire de bonne ou de mauvaise foi, devait obtenir du
préteur l'action utile. Nous reconnaissons dans le *difficilius* de Papinien la trace d'une hésitation du jurisconsulte
quant à l'octroi de l'action au créancier de mauvaise foi ;
mais, loin d'étendre cette hésitation dans le sens de la négative, c'est plutôt dans celui de l'affirmative que nous
l'interpréterons. Au surplus, si Papinien avait quelques
scrupules sur ce point, il n'y a pas la moindre marque
d'hésitation ou de distinction dans les deux autres textes.

Papinien aurait-il même refusé l'action au créancier de mauvaise foi (ce qu'il ne fait pas), que nous serions encore fondé à soutenir notre opinion, puisque Paul ne distingue pas entre le créancier de bonne ou de mauvaise foi, et que le système de Paul paraît avoir été admis dans la jurisprudence romaine : la loi 5. C. 8-16 est en effet de l'année 286, c'est-à-dire postérieure aux écrits de Papinien.

Il est encore deux questions importantes à résoudre et dont l'examen se rattache à notre première exception. Ces deux questions sont soulevées par un seul texte, la célèbre loi d'Africain, 9 § 3. D. 20-4. Voici le contenu du texte qu'il nous est indispensable de reproduire malgré son étendue : « Titia a engagé à Titius un fonds qui ne lui appartient pas, ensuite elle l'a engagée à Mœvius; puis étant devenue propriétaire de ce fonds, elle l'a donné en dot avec estimation à son mari. Si Titius est payé, on était d'avis que le gage de Mœvius n'en était pas plus valable. Car, après que le premier créancier est satisfait, le gage du second créancier n'est confirmé qu'autant que la chose se trouve alors dans les biens du débiteur. Or, dans le cas proposé, le mari tient la place d'un acheteur; et, par conséquent, comme la chose n'était dans les biens du débiteur, ni lorsqu'elle a été engagée à Mœvius, ni lorsque Titius a été payé, on ne peut trouver aucun temps où le gage de Mœvius ait pu s'établir valablement. Toutefois, il n'en est ainsi qu'autant que le mari était de bonne foi, en recevant ce fonds en dot avec estimation, c'est-à-dire s'il ignorait qu'il était engagé à Mœvius. »

C'est le cas ou jamais, croyons-nous, de répéter, après avoir lu ce texte : *lex Africani, ergo difficilis*. Nous verrons en effet qu'il est fort embarrassant de lui trouver un sens. Nous indiquons d'abord les deux questions que ce texte fait naître :

1º Quand plusieurs créanciers ont successivement obtenu hypothèque sur un même fonds *a non domino*, dans
quel ordre les placera-t-on, le constituant étant devenu
propriétaire? — 2º L'action utile accordée au créancier
hypothécaire, lorsque le constituant devient propriétaire,
ne lui appartient-elle que tant que la chose reste entre les
mains du débiteur?

Voyons comment les auteurs ont répondu à ces deux
questions, dans l'interprétation qu'ils ont donnée de la loi
9 § 3. Nous dirons ensuite quel est notre sentiment sur ce
texte.

Et d'abord la première question se rattache à la question
générale de savoir comment doit se régler le rang entre
plusieurs créanciers hypothécaires qui ont obtenu successivement hypothèque à un moment où le débiteur n'était pas
encore propriétaire. Nous avons rencontré plusieurs fois
cette question, et nous avons admis le système du concours
des créanciers. Notre texte vient fournir un aliment considérable à cette controverse. Il est invoqué avec beaucoup
de force par les partisans de la théorie qui repousse le concours (1) : on y voit, en effet, Titius payé préférablement à
Mœvius.

Pour échapper à ce texte, voici le raisonnement présenté
par ceux qui admettent la théorie du concours. La loi 9, § 3
doit être laissée de côté, dit M. Jourdan (2). « parce qu'il ne
s'agit pas ici d'une validation de l'hypothèque *ipso jure* :
c'est une action utile qui n'est donnée que *cognitâ causâ*,
comme l'indiquent ces mots, *facilius, difficilius actio dabitur*. Or, dans cette *causæ cognitio*, le préteur trouvera
tout naturellement équitable de donner le premier rang au

1. Machelard, *op. cit.*, p. 151.
2. Jourdan, *op. cit.*, p. 370.

plus ancien créancier. » Quoique partisans de la théorie du concours, nous n'acceptons pas cette façon d'expliquer le texte. On verra plus loin comment nous l'écartons du débat.

Pour un motif ou pour l'autre, selon que l'on repousse le concours ou que l'on admet l'explication qui vient d'être rapportée, il n'en est pas moins acquis, avec le texte, que Titius a été payé. Occupons-nous maintenant de Mœvius. Celui-ci, au rapport d'Africain, ne pourra rien obtenir, en prenant l'espèce telle que la présente le jurisconsulte. Est-ce parce que la chose ne se trouve plus dans le patrimoine de la femme au moment où Mœvius voudrait agir ? Mais alors, dans notre première exception, le créancier n'aurait-il l'action utile que tant que le bien reste dans le patrimoine du débiteur. C'est la seconde question que nous nous sommes posée.

On y a répondu de la façon suivante. Il n'est pas exact de prétendre que l'action utile ne puisse être exercée que contre le débiteur «C'est le contraire qui résulte du texte. C'est, en effet, en qualité de créancier hypothécaire que Titius a été désintéressé ; quant à lui, son hypothèque est née au moment de l'acquisition (1). » Mais, objecterons nous, l'hypothèque de Mœvius n'est-elle pas née, elle aussi, au moment de l'acquisition ? Non, dit l'auteur que nous venons de citer : « Il ne s'agit pas de savoir si Mœvius a un droit réel hypothécaire ; dans l'espèce, il ne l'a pas ; il s'agit seulement de savoir si le préteur, *æquitate rei motus*, lui donnera une action utile. Or, tant que Titius n'est pas payé, le préteur dira à Mœvius : «Que voulez-vous? Je ne puis vous donner un droit réel, ce serait aller ouvertement contre les termes mêmes de la formule que j'ai écrite dans mon édit.

1. Jourdan, *op. cit.*, p. 372.

Quant à vous donner une action, je ne le puis, car je la
donne à Titius qui seul peut en user efficacement (1). » On
ajoute que le préteur ne peut d livrer une action condition-
nellement : *nulla actio prodita est de futuro* (fragm. Vatic.
§ 49). Mœvius ne pourra donc s'adresser au préteur que
lorsque Titius sera désintéressé ; c'est alors, dit-on, que naîtra le droit de Mœvius. Mais pour qu'un droit réel hypothécaire puisse naître, il faut, poursuit-on avec Africain, que la
chose se trouve à un moment donné, dans le patrimoine du
débiteur. Or, à l'instant où le droit de Mœvius pourrait
se former, la chose n'est plus dans le patrimoine de la
femme ; on en conclut que Mœvius ne peut agir. Voilà
comment on prétend justifier la solution d'Africain et expliquer que Mœvius n'ait pas d'action. Pour que cette action soit refusée, il faut d'ailleurs, que la femme ait effectivement rendu le mari propriétaire de la chose, et que ce
dernier ait ignoré l'hypothèque de Mœvius.

Quelqu'ingénieuse que soit cette explication, reproduite
de certains auteurs allemands, il nous sera permis de ne pas
la trouver absolument satisfaisante. Cette loi 9, § 3, constitue, comme on l'a dit (2), une véritable énigme. Disons
d'abord pourquoi nous n'acceptons pas l'explication que
nous avons rapportée ; nous essaierons, après cela, de donner notre sentiment sur ce texte.

Prenons l'idée qui inspire tout le système que nous combattons. Cette idée est la suivante. Nous ne sommes plus
ici dans les termes de la formule ; régulièrement e droit
d'hypothèque ne prend pas naissance au moment où le
constituant devient propriétaire. Mais le préteur, sanction-
nant l'équité, intervient alors, et règle la situation comme

1. *Op. cit.*, p. 371.
2. Dernburg, das Pfandrecht, t. I, p. 263.

bon lui semble. C'est en prenant cette idée pour guide que les partisans de ce système expliquent : 1º que Titius soit préféré à Mœvius, au lieu de concourir avec lui ; 2º que Mœvius ne puisse obtenir une action tant que Titius n'est pas désintéressé.

Est-il vrai de soutenir que le préteur ait, dans l'espèce, des pouvoirs aussi larges ? Nous ne le pensons pas. Sous prétexte qu'il s'agit ici d'une action utile, laquelle ne doit être que « la *copie* de l'action directe » (1) le préteur viendra bouleverser toutes les règles qu'il a tracées et qu'il applique, lorsqu'il s'agit de l'action directe ? Quand cette dernière est en jeu, c'est-à-dire quand on est dans les termes de la formule hypothécaire, des créanciers qui ont obtenu hypothèque successivement avant que le constituant ne fût propriétaire (cas de l'hypothèque générale, ou de l'hypothèque *si res debitoris facta fuerit*) concourront entre eux, le droit de chacun prenant naissance au moment même où le constituant acquiert la propriété ; avec l'action utile cette règle n'existerait plus. De même quand il s'agit de plusieurs créanciers armés de l'action directe, chacun a un droit propre, et Secundus n'est pas tenu d'attendre, pour obtenir l'action hypothécaire directe, que Primus ait été désintéressé ; avec l'action utile, il en serait autrement.

Telle n'est pas l'idée que nous faisons de l'action utile. Nous nous étions accoutumés à la considérer comme une extension de l'action directe à des cas non prévus par la loi. « Chaque action utile, dit M. Accarias, correspond à une action directe, dont elle prend ordinairement le nom et emprunte toujours les règles. » Or, dans le système que nous

1. Accarias, t. II, 1ʳᵉ édit., p. 920.

combattons, l'action utile obéirait à des règles contraires
à celles de l'action directe.

Mais on insiste. L'action utile qui nous occupe, ne serait
donnée qu'après une *causæ cognitio* ; en sorte que le préteur pourrait agir comme il l'entendrait. Et, pour prouver
qu'il y a *causæ cognitio*, on cite les expressions de la loi 1,
pr. D. 20-1 : *facilius, difficilius actio dabitur.* Il est facile
de répondre que ces mots *actio dabitur* ne font nullement
supposer une *causæ cognitio.* C'est chose grave, en effet,
que la *causæ cognitio*, puisque le préteur est armé alors
d'un pouvoir arbitraire pour accorder ou refuser l'action,
et nous pensons qu'il faut trouver des expressions moins
vagues que les précédentes pour conclure à l'existence de la
causæ cognitio, telles, par exemple, que celles-ci, *cognità
causa, redditis causis,* etc. Quant aux termes *difficilius
facilius*, nous avons vu qu'ils étaient pleins d'ambiguïté et
que beaucoup d'auteurs les interprétaient dans le sens
d'une affirmation ou d'une négation pure et simple. Il faut
donc renoncer à la *causæ cognitio*, et d'autre part, il ne
faut pas, pour expliquer un texte plus ou moins énigma-
tique, pervertir les règles générales d'une législation.
Aussi, faisant abstraction, pour un instant du texte d'Africain, dirons-nous : les choses doivent se passer avec l'action utile, comme avec l'action directe. D'où : 1º le droit
des créanciers naît au moment où le constituant acquiert
la propriété ; 2º les divers créanciers hypothécaires doivent concourir.

Voilà ce qui nous paraît résulter des principes. Reste
alors à expliquer la loi 9, § 3. C'est ce que nous allons
tenter.

Et d'abord, nous disons avec M. Jourdan, que cette loi
ne renverse pas le système du concours des créanciers,

mais pour un motif autre que celui présenté par cet auteur.
A notre avis, la question de concours n'est pas posée par
le texte. Titius a été payé, c'est vrai ; mais où trouve-t-on
dans le texte que c'est l'exercice de l'action hypothécaire
qui lui a procuré le paiement ? Titius a été payé comme
créancier, mais non comme créancier hypothécaire ; il a
reçu un paiement intégral, et Mævius n'a pas à le criti-
quer. — Il est vrai qu'Africain parle d'un ordre de préférence entre des créanciers : *priore dimisso, sequentis
confirmatur pignus*. Mais une lecture attentive du texte
montre que le membre de phrase qui contient ces mots,
est, pour Africain, le rappel d'une règle générale, et ne
s'applique pas aux créanciers mis en cause dans l'espèce,
puisqu'il continue tout aussitôt, en disant : *in proposito
autem...* Si l'on nous objecte que rappel ou non d'une
règle générale, les mots *prior, sequens*, servent à désigner immédiatement Titius et Mævius, nous répondons
que Titius ayant été payé, c'est, en fait, comme s'il y avait
eu un premier et un second créancier hypothécaire.
Voilà comment nous écartons la loi 9, § 3.

Mais reste alors à expliquer pourquoi Mævius se voit refuser l'action hypothécaire. A notre avis, il n'aurait pas dû
en être ainsi. Mævius dont le droit est né (*utiliter*) comme
celui de Titius au jour où Titia est devenue propriétaire,
devrait pouvoir exercer l'action hypothécaire utile, à l'encontre du mari de Titia. Nous pourrions, pour expliquer le
texte d'Africain, refusant l'action à Mævius, admettre avec
certains auteurs, que l'action hypothécaire utile ne pouvait
être intentée que tant que le bien restait dans le patrimoine
du constituant. Nous ne le ferons pas, et pour deux raisons : 1° parce que nous avons posé en principe que l'action utile était soumise aux mêmes règles que l'action

directe ; 2º parce que tel n'est pas le motif donné par Africain à l'appui de sa solution.

Quel est donc le motif qui décide le jurisconsulte ? C'est dans le membre de phrase dont nous parlions tout à l'heure qu'il se trouve. Voici le raisonnement d'Africain : quand un premier créancier hypothécaire disparaît, le droit du second prend naissance, mais sous la condition que la chose se trouve *in bonis debitoris*; or Titia n'est plus propriétaire quand le droit de Mævius pourrait se fixer ; elle n'était pas, par hypothèse, propriétaire au jour où la convention d'hypothèque avait eu lieu avec Mævius; donc le droit de Mævius n'a jamais pu prendre naissance. Ce raisonnement part d'une prémisse fausse, et dont tous les interprètes s'accordent pour reconnaître l'inexactitude (1), à savoir qu'une seconde hypothèque n'existerait pas tant que le premier créancier n'aurait pas été désintéressé.

Cette manière d'envisager la situation d'un créancier postérieur a peut-être été admise dans l'ancien droit, et le texte d'Africain s'en ferait l'écho (2), mais elle n'a pas prévalu. Un créancier, second en rang, possède, en effet, des droits concommittants à ceux du premier : il a droit à l'excédent du prix de vente, et peut exercer le *jus offerendæ pecuniæ*.

Nous repoussons donc la solution donnée par Africain, comme étant une conséquence d'un principe faux. Il est vraisemblable d'ailleurs que les écrits d'Africain ne représentaient pas les véritables principes définitivement admis, en matière hypothécaire, si l'on remarque que le Digeste, dans son livre XX et dans le titre 7 du livre XIII,

1. Machelard, *op. cit.*, p. 152 ; Jourdan, *op. cit.*, p. 656-663.
2. Dernburg, *op. et loct. cit. suprà.*

ne contient que deux texte de ce jurisconsulte : la loi 9,
20-4, et la loi 31, 13-7.

Au surplus, il est facile de montrer que la partie finale
du texte qui nous occupe, contredit certainement le principe posé *in medio* par Africain et aux termes duquel
Mævius serait sans droit, tant que Titius n'a pas été payé.
Le jurisconsulte reconnaît en effet que Mævius obtiendra
l'action, si le mari, en recevant la chose en dot, était de
mauvaise foi, c'est-à-dire connaissait l'hypothèque de
Mævius. Pourquoi cela ? Parce que, dit-on, le mari s'est
rendu complice de la fraude de Titia, qui a rendu impossible la validation de l'hypothèque de Mævius (1). Nous
déclarons ne pas très bien comprendre quelle fraude il y a
de la part de la femme à donner en dot au mari un bien
qu'elle a hypothéquée ? Il y aura fraude, sans doute, à
l'égard du mari, si la femme ne lui fait pas savoir que le
bien qu'elle apporte est hypothéqué. Mais là n'est pas la
question. Il s'agit de savoir si l'acte de la femme est frau-
duleux au regard de Mævius. Oui, dit-on, parce que l'aliénation faite par la femme « a rendu impossible la validation de l'hypothèque.» Mais l'argument est sans valeur, car
il prouverait trop. En effet, dans le système d'Africain où
le droit du deuxième créancier ne se fixe que lorsque le
premier est désintéressé, il y aurait toujours fraude de la
part d'un débiteur, au regard du deuxième, du troisième
créanciers hypothécaires, à aliéner un bien hypothéqué
puisque cette aliénation rendrait impossible la formation
du droit de ces derniers créanciers. Ce serait dire, en
d'autres termes, que lorsqu'un débiteur a constitué deux
hypothèques sur un bien, ce bien devient inaliénable entre

1. Jourdan, *op. cit.*, p. 372:

ses mains. Telle serait la conséquence du motif sus-indi-
qué, si ce motif était exact. De sorte que l'hypothèque qui
nous apparaît comme une mise en œuvre de l'idée de crédit, tendrait, dans la plupart des cas, à empêcher, la circu-
lation des biens, en frappant le débiteur qui a constitué
deux hypothèques d'une véritable incapacité d'aliéner. Tel
serait le dernier mot de cette fausse théorie d'Africain,
quant au moment de la naissance du droit d'un créancier
second en rang (1).

Mais revenons à l'idée principale qui a amené ce développement. Nous avons dit que la fin du texte d'Africain
était en contradiction avec le membre de phrase, *tunc enim
priore dimisso*... Admettons, en effet, qu'il y ait eu fraude
de la part de la femme. Cette fraude a consisté à rendre
impossible l'arrivée d'une condition qui tenait en suspend
la formation du droit du créancier hypothécaire ; or, on
sait, qu'en pareille hypothèse, la condition est tenue pour
réalisée (l. 161, D. 50-17). Conséquemment, peu importe la
bonne ou la mauvaise foi du mari ; cela doit rester sans influence sur le droit du créancier ; il suffit que la femme ait
par son aliénation *dotis causa*, rendu impossible l'arrivée
de la condition. Donc, à ce point de vue encore, la décision
d'Africain est en contradiction avec les principes. Mais
même, telle qu'elle se comporte, cette solution ne cadre pas
avec ce qui précède : car si le mari de mauvaise foi doit subir l'action de Mœvius, c'est que Mœvius, quand il s'adresse

---

1. Nous pensons que les développements présentés au texte sont
exacts si l'on s'en tient à la théorie qui considère comme conditionnel le
droit d'un deuxième créancier hypothécaire. Mais, comme d'autre part,
Africain veut que le constituant soit propriétaire au jour de la convention, ou bien au moment ou Titius est payé, l'inconvénient signalé par
nous se restreindrait, mais ce serait encore trop, au cas de constitution
faite *a non domino*.

au mari détenteur de l'immeuble. s'autorise d'un droit hypothécaire préexistant, sans quoi l'action ne pourrait être exercée.

Nous prévoyons deux objections possibles. Oui, nous dira-t-on. Mœvius s'autorise d'un droit préexistant, mais ce droit est autre que celui qui lui appartient en qualité de créancier de Titia ; il est bien créancier, mais non créancier hypothécaire. On ajoute qu'Africain a eu raison de distinguer suivant la bonne ou la mauvaise foi du mari ; car, c'est en réalité de l'action paulienne qu'il s'agit dans la fin du texte, laquelle action n'est donnée, dans le cas d'opération à titre onéreux, que si le tiers a été de mauvaise foi. Or le mari est considéré comme recevant la dot à titre onéreux, en compensation, des charges du mariage (1), et c'est surtout vrai dans l'hypothèse de la loi 9 § 3 où le mari est considéré comme acheteur du fonds. — Cette double objection tendrait à justifier la solution d'Africain, en montrant que le droit hypothécaire de Mœvius ne s'est pas formé, et que, grâce à l'exercice préalable de l'action paulienne qui fera rentrer le bien dans le patrimoine de la femme, ce droit hypothécaire pourra prendre naissance. Nous répondons qu'il ne s'agit pas ici de l'action paulienne dont l'exercice serait d'ailleurs rendu bien difficile par la nécessité, pour le créancier. d'établir que Titia a commis une fraude, le seul fait de l'aliénation ne pouvant être considéré comme impliquant l'idée de fraude. Non ; Africain se demande si Mœvius pourra exercer l'action hypothécaire contre le mari, et il l'admet uniquement quand il y a mauvaise foi de ce dernier. C'est donc bien de l'action hypothécaire qu'il s'agit.

----

1. Accarias *op. cit.* t. II, p. 1077 texte et note 1.

Pour résumer tous ces développements dont on excusera la longueur, à raison des difficultés très grandes qu'a soulevées la loi 9 § 3, voici notre sentiment au sujet de ce texte. Loin d'y voir une vérité, et de faire céder les principes pour arriver à l'expliquer, nous pensons qu'il faut mettre les principes au dessus de toute discussion et combattre le texte d'Africain en montrant qu'il s'inspire d'une idée ancienne et fausse quant à la nature des droits des créanciers hypothécaires qui ne viennent pas au premier rang d'hypothèque. — Rappelons que, au cours de la discussion, nous avons répondu comme il suit, aux deux questions que nous avions posées plus haut : lorsque plusieurs créanciers ont reçu successivement hypothèque *a non domino* sur une même chose, il doit y avoir concours entre eux, le constituant devenant plus tard propriétaire. Dans le cas d'hypothèque constituée *a non domino*, la propriété étant acquise plus tard par le débiteur, l'action utile accordée au créancier hypothécaire peut être exercée contre tout tiers détenteur, ayant-cause du constituant devenu propriétaire.

Nous avons ainsi étudié la situation faite au créancier hypothécaire qui a traité avec un *non dominus*, quand le constituant devient ensuite propriétaire. Nous pouvons aborder maintenant notre seconde exception au principe général.

Deuxième exception. — Le propriétaire devient héritier du constituant. — Il s'agit de savoir si l'hypothèque constituée *a non domino* aura quelque efficacité, lorsque le *dominus* devient l'héritier du constituant. Distinguons d'abord comme nous l'avons fait dans le paragraphe précédent, entre la défense et l'attaque, c'est-à-dire suivant que le créancier possède ou non.

S'il possède, on est d'accord pour dire qu'il aura la même situation que lorsqu'il a à se défendre contre le constituant *non dominus* qui est devenu ensuite propriétaire. En effet, comme le créancier hypothécaire est alors actionné, il faut déterminer les droits de celui qui l'attaque. C'est un ayant-cause universel du constituant, qui ne saurait avoir plus de droit que le constituant lui-même ; il y a même un *a fortiori* à tirer de ce qui a été dit pour l'ayant-cause particulier du constituant devenu propriétaire. L'héritier re-présente la personne du constituant : il assure donc, dans notre espèce, l'obligation du constituant de ne pas appor-ter de trouble à l'exercice du droit du créancier hypothé-caire : *quem de evictione tenet actio, eumdum agentem repellit exceptio.* Il en résulte que l'héritier qui voudrait agir en revendication contre le créancier hypothécaire, serait repoussé par l'*exceptio.* Si nous supposons que l'hé-ritier vende la chose et que cet acheteur veuille revendi-quer, celui-ci se verra opposer l'*excéptio rei venditæ et traditæ* dont la signification sera que l'acheteur ne sau-rait avoir plus de droit que son vendeur. Il n'y a pas à dis-tinguer, ici comme précédemment, entre la bonne et la mauvaise foi du créancier.

Supposons maintenant que le créancier hypothécaire ne soit pas en possession. Les rôles sont alors renversés : c'est lui qui doit agir : Le peut-il ? L'action hypothécaire utile lui appartient-elle ? C'est ce que nous allons rechercher, en nous plaçant d'abord au point de vue des principes, en-suite, en présence des textes.

Rappelons d'abord que nous sommes en dehors des ter-mes de la formule hypothécaire : il ne peut donc s'agir que des principes généraux du droit tempérés par l'équité. Faut-il donc donner au créancier hypothécaire contre l'hé-

ritier du constituant *non dominus*, une action utile,
comme nous l'avons fait dans le cas où c'est le constituant
qui devient propriétaire ? Non, et en voici le motif. Nous
avons dit, il y a un instant, que l'héritier succédait à toutes
les obligations de son auteur, et que parmi ces obligations
existait celle de ne pas troubler le créancier hypothécaire.
Mais ici l'hypothèse n'est plus la même; nous ne trouvons pas, au nombre des obligations du *de cujus*, celle de
procurer une hypothèque au créancier. L'hypothèque, en
effet, n'est pas, à la différence de la vente, une opération
juridique, se dédoublant 1° en une obligation de procurer
l'hypothèque, 2° en une constitution d'hypothèque, exécution de l'obligation contractée. Non, l'hypothèque est un
acte simple : le droit d'hypothèque ne suit pas une obligation distincte et préalable; l'hypothèque est, comme le
disent les jurisconsultes romains, une *obligatio rei*. Lors
donc que par suite du défaut de propriété chez le constituant, l'hypothèque n'a pas pris naissance *ab initio*, l'héritier du constituant ne trouve pas dans le patrimoine du
de cujus une obligation tendant à la création du droit hypothécaire.

Mais, dira-t-on, l'adition d'hérédité implique un consentement, une adhésion donnée aux actes juridiques dans
lesquels le *de cujus* a joué un rôle. Oui, quand il y a un
acte juridique défini, une opération parfaite; mais ici
nous sommes en présence d'un acte juridique avorté, c'est-
à-dire d'une convention qui tendait à faire ce qui ne pouvait être fait, par suite du défaut de propriété chez le constituant. — On insiste : il est vrai que la convention tendant à la création de l'hypothèque n'est pas valable. Pourquoi ? Uniquement parce que le constituant n'était pas
propriétaire; or, cette qualité réside dans la personne de

l'héritier, lequel, confondant sa personnalité avec celle du *de cujus* vient ainsi donner sa perfection à la convention faite, en y apposant le seul élément dont l'absence empêchait la validité de l'opération. — Nous répondons qu'on ne peut ainsi raccorder après coup les termes de l'acte juridique, parce qu'il n'y a, nous l'avons dit, aucun lien entre cette opération et la personne du créancier. Il est véritablement un tiers par rapport à cet acte et pour plusieurs motifs : 1° Il n'y a pas eu d'obligation contractée par le *de cujus* et à laquelle succède l'héritier ; 2° le constituant n'a pas pu, en admettant qu'il l'ait voulu, faire naître une obligation *ex personna heredis* ; 3° que l'on se rappelle comment nous avons, par l'analyse, envisagé l'essai de constitution hypothécaire tenté entre le créancier et le constituant ; nous lui avons attribué la valeur *d'un fait*, et ce fait ne peut être opposable à l'héritier. Il est vrai que l'héritier étant propriétaire pourrait faire valablement la constitution d'hypothèque essayée par le *de cujus* ; mais tant qu'il n'y procède pas, le créancier hypothécaire est dénué de toute action soit directe, soit utile.

Telle est la solution qui résulte des principes. Faut-il, comme dans la première exception, tempérer ici les principes par l'équité et donner au créancier hypothécaire une action utile ? Non, encore, car les considérations d'équité qui pouvaient être précédemment invoquées, ne sont pas ici de mise : nous n'avons plus affaire au constituant, c'est-à-dire à une personne qui serait fort aise de pouvoir, pour échapper à ses engagements, se retrancher derrière les règles du droit. Il n'y a aucune fraude à reprocher à l'héritier qui ne peut être accusé de manquer à une parole qu'il n'a pas donnée et que son auteur ne pouvait donner pour lui.

Ainsi le créancier hypothécaire n'aura pas d'action. Telle est la réponse des principes ; voyons maintenant celle des textes.

Autant en interrogeant les principes généraux du droit, nous avons obtenu une solution claire et précise, autant le langage des textes va jeter de confusion sur cette première donnée. Nous nous trouvons, en effet, en présence de deux textes qui donnent une solution diamétralement opposée : Paul refuse l'action utile au créancier, Modestin la lui accorde.

Le texte de Paul forme la loi 41. D. 13-7, dont nous avons précédemment rapporté la première phrase : « Vous avez donné en gage la chose d'autrui, ensuite vous êtes devenu propriétaire, l'action (réelle) utile du gage est donnée au créancier. » C'est l'hypothèse de notre première exception. « Il n'en faut pas dire autant, continue le jurisconsulte, si je deviens héritier de Titius qui avait obligé ma chose sans ma volonté ; car dans cette hypothèse, la faculté de poursuivre le gage ne sera pas accordée au créancier. Il ne suffit point, en effet, pour que l'action réelle utile de gage compète, que la même personne réunisse les deux qualités de propriétaire de la chose et de débiteur de la somme. Mais si le défendeur actuel *convenisset de pignore*, de manière qu'on puisse lui reprocher son propre mensonge, il ne peut honnêtement résister à l'action utile qui est exercée contre lui. »

Modestin, dans la loi 22. D. 20-1, accorde, au contraire, l'action utile au créancier. « Si je deviens héritier de Titius qui avait hypothéqué ma chose à son créancier à mon insu, le gage ne devient pas valable directement, mais l'action utile sera donnée au créancier. »

Il y avait là, on le conçoit, un vaste champ ouvert aux

tentatives de conciliation. Elles n'ont point fait défaut, comme on va le voir. Ces deux textes peuvent-ils être conciliés ? L'affirmative et la négative ont eu leurs partisans. Occupons-nous, d'abord, des conciliations qui ont été tentées.

S'il n'y a pas, comme on le prétend, antinomie entre les deux solutions, comment la conciliation peut-elle être faite ? Telle est la question à résoudre. Nous avons relevé un minimum de huit procédés mis en avant pour mettre d'accord Paul et Modestin. Pour ne pas procéder à une énumération fastidieuse, nous établirons un groupement des divers systèmes.

Ecartons d'abord les systèmes, qui, pour lever l'antinomie, recourent au procédé commode d'une correction dans l'un des deux textes. Huschke, donnant la préférence au texte de Paul, met purement et simplement une négation dans le texte de Modestin. Au lieu de lire : *sed utilis pigneratitia dabitur creditori*, il lit : *sed nec utilis...* Inutile d'insister sur un tel procédé. — Deux autres partisans de correction s'en tiennent au texte de Modestin, et corrigent alors le texte de Paul. L'un, Mayer, ne va pas jusqu'à effacer une négation (il y en aurait trois à effacer dans le texte de Paul), mais il convertit les points et virgules en points d'interrogation. Sous le prétexte que la loi de Paul est empruntée au livre III *Quæstionum* de ce jurisconsulte, il en conclut que Paul, dans tout son ouvrage, devait se borner à poser des questions sans donner de solutions. Il en résulte que Paul n'aurait pas refusé l'action utile au créancier, mais se serait borné à dire : l'action doit-elle être refusée ? Passons.

C'est encore une correction dans la ponctuation du texte de Paul que Büchel a proposée dans la deuxième édition

de son ouvrage *Civilrechtliche Erörterungen*. Au lieu
de : *si ego Titii, qui rem meam obligaverat sine mea vo-
lontate, heres exstitero*, il lit, en déplaçant la deuxième
virgule, *si ego Titii, qui rem meam obligaverat, sine
mea voluntate heres exstitero*. Et voici son raisonnement :
loin d'être général, le texte de Paul vise seulement le cas
où il s'agit d'un héritier contraint de faire adition (le *fidu-
ciarius* sous l'empire du S. C. Pégasien), en sorte que Paul
aurait accordé l'action toutes les fois que l'héritier, par une
adition volontaire, est censé prendre pour son compte
tout ce qui a été fait par le *de cujus*. Mais le motif donné
par le jurisconsulte repousse cette conciliation : il ne suffit
pas, dit-il, de la réunion sur la même tête de la qualité de
débiteur et de propriétaire de la chose hypothéquée, il
faut, de plus, pour l'octroi de l'action au créancier, que le
propriétaire actuel puisse être convaincu de fraude. Peu
importe donc que l'adition ait été volontaire ou forcée.

Ces systèmes repoussés, groupons ceux qui nous offrent
une tentative de conciliation plus acceptable, sans modifier
en rien le texte de Paul ou de Modestin. On peut réunir ces
systèmes sous trois chefs principaux : 1° systèmes cherchant à établir que Paul et Modestin ne se placent pas dans
la même hypothèse ; 2° systèmes prétendant que Paul et
Modestin ne parlent pas de la même action : 3° systèmes
adoptant l'opinion d'un des jurisconsultes et cherchant à
expliquer celle de l'autre.

Premier groupe.— Pour mettre d'accord Paul et Modestin, on a prétendu (Fabre, Voët) que les conditions de l'espèce prévue par les deux jurisconsultes sont différentes.
Modestin se borne à supposer que la constitution d'hypothèque avait eu lieu à l'insu du propriétaire, *ignorante me*,
tandis que Paul parle d'une constitution d'hypothèque faite

sine mea voluntate. Il nous semblerait que les deux ex-
sions se valent, mais on prétend qu'il faut traduire *sine
mea voluntate* par contre ma volonté, la version latine du
texte grec des Basiliques portant *contra meam volunta-
tem.* Nous ne pouvons admettre ce système, qui, tout en
respectant dans la forme le texte de Paul, en donne une
traduction basée sur les termes des Basiliques. Au surplus,
même avec cette traduction, la conciliation ne serait pas obtenue, car Paul donne seulement l'action quand le propriétaire peut être convaincu de mensonge. Or la résistance du
propriétaire ne saurait équivaloir à un mensonge. Ajoute-
rait-on qu'il y a fraude de sa part parce qu'il aurait dû prévenir le créancier ? Mais on ne peut exiger que chacun de
nous prenne soin des intérêts d'autrui ; d'ailleurs comment
le propriétaire connaîtrait-il la personne en faveur de laquelle on veut hypothéquer sa chose ?

Schmidt trouve aussi que les hypothèses ne sont pas les
mêmes, et voici comment. Paul s'occuperait du cas où le
constituant avait hypothéqué la chose de l'héritier pour la
garantie d'une dette de celui-ci, tandis que Modestin son-
gerait à une dette personnelle du constituant. Mais, outre
que cette distinction n'est pas faite dans les textes qui nous
occupent, il faut dire que Paul ne s'en fut pas accommodé ;
car, ne l'oublions pas, la seule considération qui le porte à
donner, le cas échéant, une action au créancier, c'est le
mensonge du propriétaire.

Voilà pour les auteurs qui ont imaginé que les jurisconsultes n'avaient pas énoncé la question de la même manière.
Il en est un (Pacius) qui admet l'identité des hypothèses,
mais qui suppose que les deux jurisconsultes envisageaient
des personnes différentes entre lesquelles voudrait agir le
créancier hypothécaire. Paul aurait refusé l'action quand

elle était exercée *adversus dominum* ; Modestin l'accorde-
rait seulement quand elle s'exerce *adversus cœteros pos-
sessores*. Mais c'est introduire une distinction *uti lex non
distinguit*.

Deuxième groupe. — Accurse et les glossateurs ont mis
en avant une conciliation adoptée par Doneau (*de pignor..
VII, 20*), Connanus (Com., IV, 13) et Moodt, et suivant laquelle Paul et Modestin n'auraient pas entendu viser la
même action, en parlant de *utilis actio pignoratitia*. Par
ces termes, Paul voulait bien parler de l'action hypothécaire utile, tandis que Modestin se référait à l'action personnelle (*contraria*, dans l'espèce) naissant du contrat de
gage. Ce procédé de conciliation est assez spécieux, mais
il a été l'objet de justes critiques.

D'abord la place de la loi 22 au titre *de pignoribus* fait
présumer qu'il s'agit ici de l'action hypothécaire qui appartient, on le sait, tant au créancier gagiste qu'au créancier
hypothécaire (1). D'autre part, s'il s'agissait dans le texte
de Modestin de l'action personnelle naissant du *pignus*,
cette action devrait être donnée *directo* et non *utiliter*,
puisque dès qu'il y a eu convention de gage. indépendamment de la tradition de la chose, les actions personnelles
prennent naissance dans les rapports des parties contractantes. Or, Modestin prend le soin de nous dire, *pignus
directo quidem non convalescit*.

Troisième groupe. — Des auteurs ont pris parti soit
pour Paul, soit pour Modestin. en expliquant le texte du
jurisconsulte dont ils n'acceptent pas la doctrine. Sintenis
se range à l'opinion de Paul et explique comme suit le texte
de Modestin. Tandis que Paul considère le propriétaire

1. V. Pellat, *op. cit.*, p. 83, texte et note 11.

comme non tenu par le seul fait de l'adition, Modestin,
sans contredire le principe, veut dire, dans la loi 22,
que l'hypothèque ne peut pas, après, *ex post facto*,
prendre naissance *directo*, même par la ratification expresse du *dominus*, et qu'il y a simplement lieu, dans ce
cas, à une action utile. — Mais, outre que la loi 22 ne
parle pas d'une ratification du *dominus*, avec l'interprétation présentée on tendrait à mettre Modestin en contradiction avec lui-même, puisque, dans la loi 26, § 1. D. 20-1
nous avons vu que ce jurisconsulte admettait la possibilité
d'un consentement, d'une adhésion tacite, donnée par le
propriétaire à la convention d'hypothèque formée valablement, d'après les principes, et non pas *utiliter*. Il y a
même un *a fortiori* à tirer de ce dernier texte, où Modestin observe que le *dominus* a renoncé à la succession du
constituant, tantis que, dans la loi 22, le *dominus* est héritier de ce dernier.

Tandis que l'auteur cité en dernier lieu prenait parti
pour Paul, Büchel, dans la première édition de l'ouvrage
précité, se rangeait à l'opinion de Modestin et expliquait
la loi 41 de la manière suivante. Il faut, disait-il, pour
comprendre ce texte, s'attacher aux expressions : *non est
idem dicendum, ... hoc enim modo*. Elles signifient que
Paul, tout en admettant l'action dans notre hypothèse, ne
le fait pas en vertu des mêmes motifs qui militent dans
l'hypothèse précédente, en faveur du créancier. — Mais ce
système insoutenable a été, nous l'avons vu, abandonné
par son propre auteur. Et, en effet, comment affirmer que
Paul accorde l'action, alors qu'il la refuse catégorique-
ment. Puis l'argument tiré du défaut d'identité des motifs
n'est même pas exact, attendu que Paul accorde l'action *in
fine*, quand il y a eu faute (mensonge) du propriétaire ; or,

c'est la faute reprochable au constituant devenu propriétaire qui fait précisément admettre l'action dans l'hypothèse prévue par la première phrase du texte.

Voilà close, ou peu s'en faut (1), la liste des conciliations proposées entre nos deux textes. Chercherons-nous, à notre tour, un moyen de lever l'antinomie ? « Nous pensons, dirons-nous, avec Machelard (2), qu'après tant d'efforts infructueux, il faut désespérer d'être plus heureux que ses devanciers, et se résoudre comme l'on fait nos plus grands jurisconsultes, Cujas, Duaren, Pothier, à admettre sur ce point, une divergence d'opinions entre Paul et Modestin. »

Nous partageons pleinement l'opinion de M. Machelard, surtout lorsqu'il remarque qu'il est d'autant plus facile d'admettre une divergence d'opinions entre deux jurisconsultes romains, que, de nos jours encore, cette hypothèse est controversée (3).

On ajoute que la preuve en est dans la rubrique même de l'ouvrage de Modestin dont la loi 22 a été tirée (libr. VII *differentiarum*). Dans cet ouvrage, le jurisconsulte devait s'occuper, soit des hypothèses qui avaient reçu chez les Romains des solutions différentes, soit de celles où la diversité des points de fait, commandait telle ou telle solution. Les lois 22 et 41 prouveraient donc simplement que, sur une de ces espèces, et non la moins délicate, Paul et Modestin professaient une doctrine différente.

Il est donc établi que Paul et Modestin étaient en désaccord. Mais laquelle des deux opinions nous semble préférable ? C'est ce que nous allons dire, en nous plaçant à

1. V. Glück. Erlaut. d. Pand. t. XIV, p. 31-40.
2. Machelard, *op. cit.*, p. 139.
3. Aubry et Rau, 4ᵉ édit. p. 261, texte et note 4.

deux points de vue : d'abord au point de vue des principes, puis en recherchant celle des deux doctrines qui nous paraît avoir prévalu dans la législation romaine.

Au point de vue des principes, notre réponse a été déjà donnée, avant la discussion des textes. Nous n'y reviendrons pas, la conclusion de ce qui a été dit, c'est que la doctrine de Paul est, à coup sûr, très-juridique.

Mais il s'agit de savoir dans quel texte, de la loi 22 ou de la loi 41, il faut chercher le dernier état du droit, nous pensons, avec nos plus grands romanistes, Cujas (observ. livre XIX, chap. 26) et Pothier (*Pandectæ Justinia* t. I, p. 612) que l'on doit accepter l'opinion de Modestin comme celle qui aurait finie par prévaloir (1). La raison en est que la loi 22 a été placée par les rédacteurs du Digeste « au cœur même de la matière », et que, d'autre part, Modestin étant postérieur à Paul, son opinion a bien des chances de se faire l'écho du système que les Romains avaient définitivement adopté. Quant à l'argument d'analogie que certains auteurs (2) veulent tirer de la doctrine admise par les jurisconsultes pour la vente de la *res aliena* quant le *dominus* succédait au vendeur, nous ne l'acceptons pas pour des motifs précédemment indiqués.

M. Machelard fait remarquer en terminant cette discussion que le texte de Modestin ne contredit pas absolument celui de Paul, puisqu'il repousse une convalescence directe de l'hypothèque. Il ne donne qu'une action utile, et s'il accorde cette action, c'est qu'il avait de l'équité une no-

---

1. *Sic.* Machelard, *op. cit.* p. 140. — Jourdan *op. cit.* p. 375, Trolley, *op. cit.* nº 47.

2. Machelard, *op. cit.* p. 140 ; — Jourdan, *op. cit.* p. 376 texte et note 51.

tion plus large que celle de Paul, et qu'il s'attachait trè^{s} étroitement à cette idée que l'héritier continue la personne du défunt.

Observons enfin que Paul accorde une action utile au créancier lorsqur le propriétaire *convenit de pignore*, et qu'on peut ainsi lui reprocher son mensonge. On ne voit pas bien nettement ce que Paul a entendu en parlant du propriétaire *qui convenisset de pignore* (1). En effet si le propriétaire qui est devenu héritier du constituant, a été partie à la convention, l'hypothèque a été valable *ab initio* et c'est une action directe qui doit appartenir au créancier. De même, si, sans être partie à la convention, le propriétaire était présent et a gardé le silence, nous retombons dans le cas de ratification tacite dont il a été parlé ci-dessus ; et c'est encore l'action directe qui doit être accordée.

Nous avons ainsi terminé l'étude de la deuxième exception et nous avons conclu que, dans le dernier état du droit, le *dominus* qui hérite du constituant est passible de l'action utile. Ajoutons que le créancier hypothécaire aura alors un droit opposable à ceux qui ont acquis, après validation, des droits réels sur la chose, du chef de l'héritier, mais non aux tiers qui auraient traité avec l'héritier avant cette validation. Le droit du créancier hypothécaire n'existe *utiliter* que du jour où le *dominus* devient héritier.

Dans l'étude des lois 22 et 41, nous n'avons pas spécifié, la loi 22 ne distinguant pas, si le créancier devait être de bonne foi pour obtenir l'action utile. D'après les raisons que nous avons exposées, sur ce point, en parlant de la première exception, nous ne distinguerons pas davantage ici entre la bonne et la mauvaise foi du créancier.

1. *Contrà* Machelard, *op. cit.* p. 141.

Troisième exception. — Hypothèque consentie par un possesseur de bonne foi.

Dans notre chapitre I, en recherchant quelles personnes pouvaient constituer hypothèque, nous avons parlé du propriétaire bonitaire. Il s'agit ici d'une personne qui, comme le propriétaire bonitaire, est *in causa usucapiendi*, c'est-à-dire du possesseur de bonne foi qui a acquis *a non domino* une chose susceptible d'usucapion. On sait que le propriétaire bonitaire et l'acquéreur de bonne foi *a non domino* sont armés par le préteur de l'action publicienne, reposant sur la fiction d'une acquisition du *dominum ex jure quiritium*. Cette fiction est-elle assez forte pour permettre aux personnes *in causa usucapiendi* de constituer hypothèque sur la chose ? Pour le propriétaire bonitaire, nous avons vu que sa propriété, rentrant dans les termes de la formule hypothécaire, lui permet de constituer une hypothèque valable en vertu de laquelle le créancier aura l'action hypothécaire directe.

Quant à l'acquéreur *a non domino*, les termes de la formule prétorienne ne lui étaient pas applicables. Mais le préteur garantissant le droit de ce possesseur de bonne foi, ne devait-il pas garantir aussi les droits consentis par ce dernier, dans la mesure où actuellement il protège la possession de l'acquéreur de bonne foi *a non domino* ? Telle a été en effet la solution admise, ainsi que le prouvent les textes suivants :

L. 18, D. 20-1 : « Si j'ai reçu une chose en gage de quelqu'un qui pouvait employer l'action publicienne, parce qu'il n'en avait pas la propriété quiritaire, le préteur me protégera par l'action servienne. de même qu'il protège mon débiteur par l'action publicienne. »

C'est là un texte général aux possesseurs *in causa usu-*

capiendi, à l'époque classique, mais qui, dans le droit de Justinien, où il n'y a plus de propriété bonitaire, ne s'applique qu'à l'acquéreur *a non domino.* Le texte qui suit vise plus particulièrement ce dernier cas :

L. 21, § 1, D. 20-1 : « Si un débiteur possède un esclave qu'il a acheté de bonne foi *a non domino,* et qu'il a hypothéqué, il y a lieu à l'action servienne, et si le créancier agit contre lui, il repoussera l'exception qu'opposerait le débiteur par la réplique de dol. C'est le sentiment de Julien, et cette opinion est exacte.» Dans ce texte Ulpien nous montre les divers moyens de procédure qui pourront être employés par les parties. A l'action hypothécaire du créancier, le débiteur pourrait dire : il n'y a pas eu hypothèque, puisque je n'avais pas la chose *in bonis* au jour de la convention. Mais cette fin de non recevoir sera paralysée par l'exception de dol qui est ici l'application de la règle : *quem de evictione.* Si le créancier est obligé de recourir à une réplique, c'est que, en effet, son droit hypothécaire ne s'est pas valablement formé : d'où il faut conclure, dit Machelard (1), que l'action hypothécaire donnée au créancier est seulement une action utile.

Si le créancier hypothécaire, en possession de la chose, était actionné par le débiteur sous forme d'action publicienne ou d'action en revendication, l'usucapion étant achevée, l'exception *doli* paralysait cette demande.

Les voies d'attaque ou de défense que nous venons d'indiquer appartiendront au créancier, de bonne ou de mauvaise foi, contre ceux auxquels le débiteur aurait donné des droits sur la chose. L'étendue des droits du créancier est déterminée par l'étendue des droits du constituant.

1. *Op. cit.,* p. 155.

Supposons maintenant que nous trouvions plusieurs créanciers hypothécaires ayant reçu hypothèque d'un possesseur de bonne foi. Cette hypothèse est prévue par la loi 14, D. 20-4. « Si un débiteur engage à deux personnes, en différents temps, une chose dont il n'est pas propriétaire, le premier sera préféré. Mais si nous recevons la même chose de deux personnes différentes qui n'en sont propriétaires ni l'une ni l'autre, celui qui la possédera sera préféré. » C'est, on le voit, l'application, dans les rapports des créanciers hypothécaires, des règles que nous venons de rappeler quand il s'agit des rapports d'acquéreurs d'une *res aliena*.

Quatrième exception. — *Hypothèque consentie par un héritier apparent.*

Ce n'est pas ici le lieu d'exposer la controverse célèbre relative à la validité des actes de l'héritier apparent. Il nous suffira de dire que, dans le cas où on répute valables les ventes de biens héréditaires consenties par l'héritier apparent, on déclarera que l'hypothèque de ces biens a pu être valablement constituée. On sait que le débat porte principalement sur le paragraphe 17 de la loi 25, D. 5-3, et, en particulier, sur l'interprétation à donner au mot *nisi* dans le membre de phrase : *et puto posse res vindicari, nisi emptores regressum ad bonæ fidei possessorem habent.* A notre avis, il faudra que le constituant et le créancier hypothécaire aient été l'un et l'autre de bonne foi pour que l'hypothèque puisse être constituée. Cette loi 25 § 17 a fait le désespoir des interprètes anciens et modernes.

Cinquième Exception. — *Hypothèse prévue par la novelle 115, chap. III § 13 in fine.*

L'hypothèse qui forme cette dernière exception est prévue par la partie finale du § 13 du chap. III novel. 115, à partir des mots : *In hujus modi vero causis.*

Il s'agit d'un testateur qui est devenu captif : l'héritier institué, qui connaît sa vocation héréditaire, doit, sous peine d'exhérédation, s'efforcer de faire sortir le testateur de captivité. S'il y a une rançon à payer, il la payera de ses propres deniers; et s'il n'a pas d'argent, on lui permet, pour s'en procurer, d'hypothéquer ses propres biens, dès l'âge de 18 ans, et, à défaut de ses biens, les biens meubles et immeubles du captif. L'hypothèque sera valablement constituée dans l'un et l'autre cas, et le captif, de retour, devra respecter ce qui a été fait. Il y a donc ici hypothèque valablement constituée *a non domino*, avec cette circonstance particulière que le constituant est l'héritier institué.

Il semble donc que ce cas rentre dans la première exception ; mais il y a cette différence que, ici, l'hypothèque est valablement constituée *ab initio*, puisque le constituant agit en vertu d'une autorisation légale.

DROIT FRANÇAIS

DE

L'AUTORITÉ AU CIVIL

DE LA

CHOSE JUGÉE AU CRIMINEL

INTRODUCTION

Un même fait peut donner naissance à des rapports juridiques multiples : s'il est illicite et dommageable, la loi permet à la personne lésée de recourir à l'autorité publique pour se faire indemniser. L'erreur, le dol, quelquefois la lésion sont des causes de nullité des conventions ; l'ingratitude du donataire à l'égard du donateur est une cause de révocation des donations. Les conséquences légales de ces différents faits nous apparaissent jusqu'à présent comme purement civiles : des intérêts privés seuls sont en conflit. Si un tribunal civil est saisi, son rôle consiste uniquement à reconnaître, conformément à la loi civile, l'existence du droit contesté. La décision rendue est la déclaration du droit, elle en est aussi la sanction. Elle acquiert enfin en devenant définitive, l'autorité de la chose jugée : c'est-à-dire que la loi, en vertu de sa toute puissance, l'élève à la hauteur d'une présomption irréfragable de vérité : elle est considérée comme la vérité même, *res judicata pro veri-*

tate habetur. Mais cette présomption de vérité que la loi, attache à la chose jugée n'existe qu'entre les parties en cause. Ainsi comprise la chose jugée est essentiellement relative : *res inter alios judicata aliis neque nocere, neque prodesse potest*.

Mais un même fait, tout en produisant des conséquences civiles, peut aussi engendrer des conséquences pénales. Dès qu'un fait prévu par la loi pénale a été accompli, l'action publique prend naissance. Cette action diffère, sous de nombreux rapports des actions civiles : elle est exercée, au nom de la société à qui elle appartient, par un magistrat spécialement investi de cette fonction ; les actions civiles au contraire sont exercées par les particuliers, puisqu'elles font partie de leur patrimoine : eux seuls en sont maîtres. L'action publique a le pas sur l'action civile : si ces actions sont intentées en même temps, le juge de l'action civile doit surseoir d'office, et ne peut prononcer sur l'action civile qu'après le jugement rendu sur l'action publique. L'action publique et les actions civiles sont enfin portées chacune devant des juridictions différentes.

Nous nous proposons dans cette étude de rechercher quelle peut être l'influence au civil de la chose jugée au criminel. Supposons, en effet, qu'un jugement soit intervenu sur l'action publique ; que, postérieurement à ce jugement, une action civile née du même fait, soit intentée devant la justice civile : le juge civil pourra-t-il ne tenir aucun compte de la chose jugée au criminel ? Sera-t-il, au contraire, légalement obligé de tenir pour certain le fait tel qu'il a été apprécié par le juge de répression ? Existet-il, en un mot, une nécessité légale de concordance logique entre ces deux sentences distinctes ?

Si l'on admet l'affirmative, on est alors conduit à recher-

cher dans quelles limites doit être restreinte cette obligation pour le juge civil de respecter la chose jugée au criminel.

Peu de questions ont donné lieu à plus de controverses
que celle dont nous nous nous proposons l'étude. Le principe de l'influence au civil de la chose jugée au criminel
est définitivement admis aujourd'hui par la jurisprudence. La doctrine s'est rangée à cette thèse qui s'impose
par des considérations peut-être plus pratiques que juridiques.

Avant d'aborder l'examen des principaux systèmes qui
ont cherché à expliquer cette influence du criminel sur le
civil, un exposé historique de la question nous paraît nécessaire.

Après avoir établi le principe auquel nous nous rallions,
nous chercherons à en poser les limites, et nous en étudierons les principales conséquences.

CHAPITRE PREMIER

ETUDE HISTORIQUE

Un auteur moderne, M. Griolet (1), a soutenu avec un remarquable talent, sur cette question de l'autorité au civil de la chose jugée au criminel, une thèse historique. En exposant le système ingénieux soutenu par M. Griolet, nous exposerons du même coup, l'histoire de notre question ; en le réfutant, nous préciserons les conditions nouvelles dans lesquelles ce problème s'est posé dans notre droit moderne, et nous déterminerons ainsi plus aisément les éléments qui permettent de trancher cette controverse.

M. Griolet commence par nier le principe même de l'autorité au civil de la chose jugée au criminel : pour que le défendeur puisse opposer à la demande formée contre lui l'exception de chose jugée, il est tenu de démontrer que le rapport de droit actuellement soumis au juge, est identique à un rapport de droit antérieurement jugé. L'article 1351 du Code civil, détermine quels sont les éléments de cette identité. Cet article 1351 ne fait que rappeler l'analyse déjà faite par les jurisconsultes de Rome. En créant l'exception de chose jugée, le but poursuivi par le législateur est celui de la stabilité nécessaire aux choses humaines; le moyen employé consiste à faire de la chose jugée une vérité : *res judicata pro veritate habetur*; mais cette vérité comme nous l'avons déjà dit, est

---

1. Griolet : De l'autorité de la chose jugée, p. 321 et suiv.

toujours relative aux parties en cause. Si le problème de
l'autorité de la chose jugée revient, dans son application, à
savoir si un rapport de droit est identique à un autre rapport de droit, il est certain que l'influence au civil de la
jugée au criminel est étrangère à la théorie de la chose
jugée : comment, en effet, un rapport de droit civil pourrait-il être identique à un rapport de droit criminel ?

Après avoir ainsi posé la question en principe, M. Griolet invoque un argument puissant à l'appui de sa thèse :
ni en droit romain, ni dans notre ancien droit, la chose
jugée au criminel n'a eu au civil autorité de chose jugée.

Section première

Et d'abord, le droit romain, n'a pas admis ce principe.
Avant d'aborder l'examen de la législation romaine sur
ce point, il nous paraît nécessaire de rappeler les principes
généraux de ce droit, relativement à notre question.

A l'origine, il n'y a pas à proprement parler de législation criminelle. On ne considère comme crimes, que les
faits de nature à porter atteinte à la sûreté de l'État. Il
n'existe même pas de juridictions criminelles. C'est le roi
d'abord, ensuite le peuple réuni dans ses comices, qui pro
nonce sur les accusations. La décision rendue a plutôt le
caractère d'une loi que d'un jugement : « Les jugements,
dit Ihering (1), étaient considérés comme des lois pour des
cas particuliers. » Durant cette période primitive, il ne
peut s'agir de chose jugée au criminel, et par suite, de son
influence sur le civil.

1. Ihering. Esprit du droit romain, t. 2, p. 45.

Les faits dirigés contre les personnes ou contre les biens ne donnaient lieu qu'à une action pénale privée : l'auteur du fait devait à sa victime ou à ses représentants une somme d'argent à titre de peine ; ou bien une peine, au sens romain du mot, et la réparation du dommage causé : dans le premier cas. il s'agissait d'une action purement pénale ; dans le second d'une action mixte. Ces actions appartenaient, suivant la remarque de Savigny, au droit criminel par leur principe et par leur but, au droit civil par leurs formes et par leurs effets (Savigny, *Obl.*, t. II, p. 450). Notre étude suppose nécessairement coexistence d'une action publique et d'une action civile. Puisque les faits qui étaient dirigés contre les personnes et contre les biens ne donnaient naissance qu'à des actions civiles, et telle était bien la nature des actions pénales privées, il est évident qu'il ne pouvait pas être question de l'influence au civil de la chose jugée au criminel. Mais le domaine du droit criminel allait s'élargir : les mêmes faits pourront donner naissance à une véritable action publique, si une loi spéciale les a érigés en crimes. Ce fut seulement en 605 *ab urbe condita* que la première juridiction criminelle fut instituée. Non seulement une instance régulière remplacera l'intervention du peuple ; non seulement une action publique, au sens propre du mot, sera exercée contre l'auteur du fait, mais encore la décision rendue aura l'autorité qui appartient à la chose jugée. Désormais la question de l'influence au civil de la chose jugée au criminel devient susceptible de se poser. Un *crimen publicum* pouvait, en effet, constituer en même temps un *delictum privatum*. Telle est bien l'hypothèse que prévoit la loi 3, D. 47-1 : *Si quis actionem quæ ex maleficiis oritur, velit exequi : si quidem pecunialiter agere velit, ad jus ordinarium remittendus erit ;*

nec cogendus erit in crimen subscribere; *enim vero si extra ordinem ejus rei* pænam *exercere velit, tunc subscribere eum in crimen oportebit.* » Un même fait peut donc produire des conséquences civiles et des conséquences pénales : deux actions, l'une civile, l'autre publique, naissent ainsi du même fait. L'étude de la coexistence de ces deux actions rentre dans la théorie très générale connue, dans la doctrine, sous le nom de théorie du concours des actions : « *Quoties concurrunt plures actiones*, dit Ulpien, *ejusdem rei nomine, una quis experiri debet.*» L. 43 § 1. D. 50-17. La règle fondamentale, telle qu'elle nous est révélée par ce texte, revient à dire que le concours doit être rejeté, si les deux actions tendent au même but ; le concours, au contraire, doit être admis, si les actions considérées ne tendent pas au même objet. Le concours des actions repose sur ce principe d'équité qu'on ne peut pas obtenir deux fois la même chose, lorsqu'une fois on l'a acquise. Lorsque plusieurs actions conduisent au même but, l'exercice de l'une entraîne extinction de l'autre, quand satisfaction a été obtenue. Une grande analogie existe entre cette théorie et celle de la chose jugée ; mais elles diffèrent profondément en ce que, d'après la théorie du concours des actions, la chose demandée et obtenue ne saurait être réclamée une seconde fois au moyen d'une action nouvelle, tandis que l'exception de la chose jugée a pour but d'empêcher le renouvellement d'une même action à propos d'un fait déterminé, sans qu'on ait à rechercher si le jugement a donné satisfaction au demandeur.

Appliquons donc la théorie du concours des actions à notre hypothèse du concours d'une action publique et d'une action pénale privée, lorsque ces deux actions sont nées du même fait. Il semble, à première vue, que le concours

doive toujours être admis : comment, en effet, le but que
l'on poursuit en intentant une action civile pourrait-il être
semblable à celui que l'on se propose d'atteindre en intentant l'action publique ? Mais, en droit romain, une difficulté résulte de la nature des actions pénales privées. L'action publique et l'action pénale privée ne tendent-elles pas
l'une et l'autre à une peine ? La peine, il est vrai, n'est pas
identiques dans les deux cas ; mais on pourrait dire, à la
rigueur, qu'il s'agit toujours de la répression d'un fait illicite, et que les deux actions ont toujours en réalité le même
but. Admettre le concours eût toujours été, en tous cas,
frapper deux fois le même coupable. L'exercice de l'action
publique, lorsqu'une peine a été prononcée, a-t-elle donc
pour effet d'entraîner extinction de l'action pénale privée ?
Avant d'arriver à la question de l'influence au civil de la
chose jugée au criminel, il faut nécessairement être fixé
sur ce point. Si, en effet, l'action publique entraîne extinction de l'action pénale privée, il ne peut plus être question
d'autorité sur l'action civile de la chose jugée au criminel.
Les Romains ont fait reposer la solution de cette difficulté
sur la distinction suivante : l'action pénale privée a-t-elle
pour objet plutôt la répression du fait illicite ? On dit que
c'est une action *quæ magis ad ultionem pertinet*. Comme
son objet devient alors identique à celui de l'action publique, le concours des deux actions est prohibé (l. 6, D. 47-
10. — L. 5, D. 23-4). Il en résulte que la question de l'autorité au civil de la chose jugée au criminel ne peut plus se
poser. Au contraire, l'action pénale privée a-t-elle plutôt
pour objet la réparation du préjudice causé ? Cette action
est dite alors *de re familiari*. Le concours de l'action publique et de l'action pénale privée *de re familiari* devient
possible, puisqu'il n'y a plus identité d'objet (l. 4, D. 48-1 ;
l. 2 § 1, D., 47-8 ; — l. 23 § 3, D. 9-2).

Lors donc qu'il s'agira d'une action pénale *de re familiari*, notre question de l'influence au civil de la chose jugée au criminel est susceptible de se poser. Cette possibilité du concours, dans ce dernier cas, se trouve confirmée
par la loi unique C. 9-31 : « *Quoties* de re familiari *et civilis et criminalis competit actio, utraque licere experiri,
sive prius criminalis, sive prius civilis actio moveatur.*»
Les Romains ont-ils poussé plus loin leur analyse? Le juge
de l'action pénale *de re familiari* doit-il respecter la chose
jugée *criminaliter*? La loi unique au Code 9-31 ne se
borne pas affirmer la possibilité du concours ; elle nie toute
influence du criminel sur le civil en termes qui ne peuvent
laisser aucun doute : après avoir énuméré un certain nombre de cas dans lesquels il peut être question, à propos du
même fait, de poursuites civiles et de poursuites criminelles, le texte conclut en ces termes : *ut. quum altera prius
actio intenta sit, per alteram quæ supererit, judicatum li-
ceat retractari.* » Le juge civil a donc le pouvoir de contredire la chose jugée au criminel, et réciproquement. Le
texte, on le voit, s'occupe bien plutôt d'une hypothèse de
concours d'actions. Le concours était-il possible? Tel était
le point de droit qui pouvait prêter à controverse? Ce point
tranché, l'action pénale survivait toute entière : aucun rapport n'existait, en effet, entre le but de l'action publique
et celui de l'action pénale privée. Le juge civil demeurait
libre. Il en était ainsi alors même qu'il ne se serait pas agi
d'une action pénale privée, mais d'une action civile *rei
persecutoria*. Ainsi, s'agissait-il des conséquences civiles
d'un acte jugé faux *criminaliter*, il était admis que le juge
civil restait libre en principe. C'est même à propos d'une
hypothèse de cette nature que la constitution dont nous
poursuivons l'étude avait été rendue : « *Qua juris defini-*

*tione, non ambiyitur etiam falsi crimen, de quo civiliter
jam actum est, etiam criminaliter esse repeténdum.* »
On se demandait, il est vrai, si la chose jugée au civil avait
pu préjuger le crime de faux, et on répondait négativement : l'action publique restait entière. Or, nous nous po-
sons la question inverse, le criminel a-t-il pu préjuger le
civil ? Mais le texte, dans sa première partie, prend soin
lui-même de nous dire que le principe est réciproque : *et
similiter e contrario.*

Le danger social qui résultait de la contrariété possible
de ces deux décisions, n'était-il pas cependant mitigé ? Remarquons d'abord que la possibilité du concours des deux
actions n'existait pas toujours. Il y avait donc là un premier
correctif à cette possibilité de deux décisions contradictoires. Lors même que le concours des deux actions avait été
admis, les Romains faisaient tous leurs efforts pour empêcher le scandale qu'entraînent toujours des décisions judiciaires opposées.

Nous devons en effet rappeler ici la loi 4. C. 3-8, ainsi
conçue : « *Quoniam, civili disceptatione intermissâ, sæpe
fit ut prius de crimine judicetur : quod, utpote majus,
merito minori præfertur.* » Un procès civil était pendant ; à propos du même fait qui donnait lieu à ce procès,
une action publique était intenté : d'après ce texte, le juge
civil pouvait surseoir au jugement du procès civil, jusqu'-
après le jugement de l'action publique. On pourrait croire
que ce sursis est la reconnaissance de la subordination de
la justice civile par rapport à la justice répressive, et en
faire sortir comme une conséquence immédiate, l'obligation pour le juge civil de respecter la chose jugée au criminel.

Mais d'abord la loi unique C. 9. 31 est trop précise pour

permettre une telle interprétation. Et de plus les termes
même de cette loi 4. C. 3-8 condamnerait cette interprétation. Le juge civil en effet n'est pas obligé de surseoir
d'office au jugement du procès civil, lorsque l'action publique est intentée à propos du même fait. *Sæpe fit ut...*
dit le texte. On le voit, il ne s'agit pas d'une règle impéra-
tive et à laquelle le juge civil ne saurait se soustraire : ce
sursis est une habitude abandonnée à la prudence du juge;
il concilie le principe de droit, qui tend à nier toute influence du criminel sur le civil, avec les exigences que
nécessite la bonne administration de la justice. Si les Romains n'ont pas admis l'influence au civil de la chose jugée
au criminel, ils se sont efforcés de diminuer, en fait, les inconvénients de ce principe de droit. Il serait donc inexact
de dire qu'à Rome même, on ne s'était pas préoccupé des
dangers qui résultaient de l'absence de cette autorité
large et absolue que la jurisprudence reconnaît aujourd'hui à la chose jugée au criminel. Nous irons même
jusqu'à dire qu'il eût été impossible d'admettre, dans la législation romaine, l'influence au civil de la chose jugée au
criminel. Dans la législation romaine, un même fait était
susceptible de donner naissance à plusieurs actions publiques : envisageant le fait sous divers points de vue, les Romains lui attribuaient ainsi plusieurs qualifications et le
concours de ces différentes actions publiques avait été reconnu possible parce que chacune avait pour objet la répression d'un crime spécial. Le même fait qualifié diversement, entraînait plusieurs décisions judiciaires en présence desquelles un juge civil, obligé au respect de la chose
jugée au criminel, eût été dans l'impossibilité de statuer.
On comprend donc qu'à Rome cette théorie de l'influence
au civil de la chose jugée au criminel n'ait jamais été admise.

SECTION DEUXIÈME

Ancien droit. — La législation romaine n'a pas cessé, durant tout notre ancien droit, de constituer une de ses sources. La théorie de la chose jugée, qui a tant de rapports avec celle des obligations, a été empruntée au droit romain. S'il en a été ainsi, comment s'étonner que nos anciens jurisconsultes se soient emparé d'un principe si clairement exprimé dans la loi unique C. 9-31. La chose jugée au criminel a donc été sans autorité au civil. Mais dans notre ancien droit, il ne peut plus être question ni de concours d'actions, ni d'actions pénales privées. Le droit criminel se constitue : l'action publique se distingue et se sépare des autres actions civiles ; l'action civile en réparation du dommage causé, si intiment lié à l'action publique, prend, avec celle-ci, une place à part. Si le principe romain qui nie toute influence du criminel sur le civil reste debout, le milieu dans lequel ce principe va être apppliqué change du tout au tout. M. Griolet, (1) dans son ouvrage sur l'autorité de la chose jugée, est parvenue a reconstituer les restrictions sous lesquelles ce principe disparaît en quelque sorte. Nous allons le suivre dans cet exposé de notre ancien droit ; mais nous espérons démontrer bientôt que cet ancien droit a été définitivement abrogé par notre droit intermédiaire et qu'il est inadmissible de dire que le droit actuel n'est que la reproduction de l'ancien droit.

A l'origine de notre civilisation, la répression des crimes se traduisait par la condamnation de l'auteur du fait, au

1. Griolet, *loc. cit.* p. 324.

profit de la partie lésée, au paiement d'une somme d'argent nommé wergeld. Un véritable tarif fixait la composition pécuniaire qui devait être arbitrée par le juge proportionnellement à la nature du crime et à la qualité de la victime. Par ce moyen, la répression des crimes et la réparation du préjudice causé était obtenues simultanément. L'intérêt social, en un mot, n'était pas encore isolé de l'intérêt privé : l'action publique et l'action civile se confondaient. La question de l'autorité au civil de la chose jugée au criminel ne se posait donc pas. Pour que notre question se pose, il faut nécessairement que l'action publique existe. On trouve bien cependant, dès la période mérovingienne, des peines proprements dites : mais ce n'était que pour quelques cas spéciaux (1). La distinction de la peine et de la réparation du préjudice causé ne peut être aperçue et bien comprise dans une société ayant pris, pour ainsi dire, pleine conscience d'elle-même. La création du ministère public, bien évidemment postérieure à l'éclosion de cette idée, devait contribuer à son tour à séparer l'action publique de l'action civile et à leur assigner à chacune leur véritable domaine. Malgré cela, l'action civile née d'un crime ou d'un délit, a longtemps gardé la marque de sa première origine ; et, l'action publique, bien que confiée aux magistrats du ministère public, n'a pas été entièrement soustraite aux atteintes des parties lésées.

Dans une législation qui distingue nettement l'action civile en réparation du dommage causé, de l'action publique, on comprend que l'intérêt pratique de la question dont nous nous proposons l'étude, se concentre surtout sur l'action civile en réparation du dommage causé. Si le juge

_____

1. Voir Faustin-Hélie, *Inst. crim.* t. II, p. 54.

civil a le pouvoir de contredire la chose jugée au criminel, le danger d'une telle contradiction sera d'autant plus grand que l'action civile, sur laquelle le juge civil a à statuer, est dans un rapport plus intime avec l'action publique. Le principe romain étant admis, toute la question revient à savoir, durant notre ancien droit, si l'action civile, *stricto sensu*, n'a pas été soustraite à l'empire de ce principe. Etudier l'autorité au civil de la chose jugée au criminel, revient, pendant cette période de l'histoire du droit, à déterminer les restrictions du principe.

Ces prémisses posées, nous devons surtout étudier, dans le dernier état de notre ancien droit, les rapports de l'action publique et de l'action civile, stricto sensu.

1° D'après l'ordonnance de 1670, l'action publique n'était pas entièrement libre entre les mains des magistrats du ministère public. Sous ce rapport, on classait les délits en délits publics et en délits privés. Lorsqu'un fait délictueux n'était pas frappé d'une peine afflictive, la transaction intervenue entre la victime et l'auteur du fait éteignait l'action publique elle-même : on disait qu'il s'agissait alors de délits privés. Tel est le système de l'article 19. t. 25. ord. 1670. Même en matière de délits publics, par opposition aux délits privés, le ministère public n'était pas toujours libre : la partie lésée, en se constituant partie civile, pouvait le forcer à agir.

2° L'action civile, de son côté, avait bien, il est vrai, une existence individuelle ; mais elle était plutôt une *dépendance* de l'action publique qu'une action ordinaire. Nous disons d'abord qu'elle avait une existence individuelle, distincte de l'action publique : l'une a pour objet, en effet. la réparation civile du dommage causé, l'autre a pour objet la peine. L'action civile ne présente plus désormais aucun

rapport avec l'action pénale privée du droit romain : ce
sont là notions absolument étrangères à notre ancien
droit et à notre droit moderne. Tout délit donne naissance
à l'action publique, et peut engendrer une action civile, si
un préjudice a été causé. La partie lésée a donc toujours le
droit d'agir au civil pour se faire indemniser. Elle n'avait
pas besoin, pour cela, d'attendre que l'action publique ait
été mise en mouvement devant la justice répressive. Mais
il est évident qu'après avoir agi au civil, elle ne pouvait
plus se constituer partie civile devant la justice répressive.
C'est bien ce qu'exprime Jousse dans le passage suivant :
« Les jurisconsultes tiennent pour maxime que quand d'un
seul et même délit il naît deux actions, la civile et la criminelle, après avoir intenté l'une on peut intenter l'autre,
suivant la loi *A plerisque*, C. l. uniq. 9-31. Mais cette
maxime, qui est constante dans le droit romain, n'a pas
lieu en France, et il est certain que, dans notre usage, celui qui s'est pourvu d'abord par la voie civile ne peut plus
ensuite pour raison du même fait procéder criminellement,
si ce n'est en vertu d'une nouvelle cause : ce qui est fondé
sur ce que l'offensé, en procédant civilement, est censé
avoir remis la réparation de l'injure, et s'être restreint à
des conclusions civiles, sauf à la partie publique, si elle
trouve les faits graves, à en faire informer à sa requête
(Jousse, *Traité de la justice criminelle en France*, l. III,
p. 11).

Jousse commence par rappeler le principe romain relatif
au concours de l'action publique et de l'action civile : il ne
peut plus être question dans notre ancien droit de concours
d'action au sens romain du mot. L'action civile peut toujours être intentée au civil, continue le jurisconsulte, seulement en matière de délit privé, son exercice entraîne

extinction de l'action publique, parce que la partie lésée
est censée avoir renoncé à l'action publique qu'elle avait le
droit de mettre en mouvement. Par la même raison, en
matière de délits publics, peut-elle agir au civil; seulement l'exercice de l'action civile ne peut plus entraîner extinction de l'action publique, puisque l'exercice en appartient dans ce cas, non à la partie lésée, mais au ministère public. Seulement l'irrévocabilité de la chose jugée empêche
la partie lésée de joindre désormais son action à l'action
publique. Mais généralement, dans ce cas, les juges ren-
voyaient l'action civile aux juges de l'action publique; car
cette action civile est surtout l'accessoire de l'action publique : c'est bien ce que nous dit Jousse :

« Les juges peuvent même ordonner, soit d'office, soit
sur la réquisition de la partie publique, qu'un procès commencé par la voie civile sera suivie criminellement (Jousse,
loc. cit. l. III, p. 12). Ce caractère de l'action civile, accessoire de l'action publique. est affirmé par tous les jurisconsultes de l'ancien droit. « On a jugé, dit Pothier, que l'action civile étant un accessoire de l'accusation criminelle,
et ne pouvant être prétendue sans entrer dans la question
du crime, elle était sujette à la prescription de vingt ans »
(Pothier, *Proc. crim.* sec. 3, art. 1).

« Le principal qui est le crime, étant éteint par la prescription, il est de règle que l'accessoire qui consiste dans
les intérêts soit aussi éteint » (Rousseaud de Lacombe :
Matières criminelles, part. 3, tit. IV, chap. I).

Jousse enfin, dans les deux citations qui suivent détermine bien nettement ce qu'est l'action civile par rapport à
l'action publique. D'après lui aussi, l'action civile est prescrite en même temps que l'action publique : « Cette règle
est fondée dit-il, sur ce que l'action pour dommages et in-

térêts, procédant d'un crime, est accessoire et dépendante du crime ; ainsi l'une étant éteinte, l'autre l'est aussi. » (Jousse : *Nouveau commentaire sur l'ord. crim. de* 1670, Paris, 1763, p. XXXI). Et le jurisconsulte invoque, à l'appui de son raisonnement, la loi romaine suivante qui ne laisse aucun doute sur sa pensée : « *Cum principalis causa non consistat, plerumque ne ea quidem quæ sequuntur, locum habent.* » (l. 178, D. 50-17). La citation qui précède est extraite d'un ouvrage très élémentaire : Jousse se contente d'y indiquer le principe général sur les rapports des actions publique et civile. Mais dans le passage suivant, ce même jurisconsulte s'explique longuement sur l'hypothèse plus compliquée, qui consiste à intenter au civil, l'action civile, séparément de l'action publique, et postérieurement au jugement de celle-ci. Voilà qui nous ramène bien près de notre question de l'influence au civil de la chose jugée au criminel :

«Pour savoir si une partie peut agir, même par voie civile, après un jugement rendu sur la poursuite de la partie publique, il faut distinguer si, par ce jugement l'accusé a été condamné ou absous. Si l'accusé a été condamné, elle le peut; mais si par le premier jugement rendu sur la plainte de la partie publique, l'accusé avait été absous ou déclaré innocent, alors la partie privée n'est plus en droit d'agir et de faire juger l'affaire de nouveau pour ses dommages-intérêts. Ce qui est fondé sur la faveur de la libération, et sur l'inconvénient qu'il y aurait à renouveler la preuve du crime nécessairement inséparable de celle qui est requise pour constater les dommages-intérêts. » (Jousse, *Traité de la justice crim.*, tome III, p. 27 et 28).

On le voit aisément : si la chose jugée au criminel avait eu autorité au civil, Jousse, dans une telle hypothèse, n'aurait certainement pas manqué de faire appel à ce principe. Ne pouvons-nous pas voir là une preuve nouvelle de ce que nous avons déjà affirmé ; en principe, la chose jugée au criminel est, comme à Rome, sans autorité au civil ? Tous les jurisconsultes de notre ancien droit gardent un silence unanime sur cette question. Tous aussi sont d'accord pour affirmer que l'action civile est l'accessoire de l'action publique ; et ce principe posé, ils en tirent logiquement toutes les conséquences. Par cette idée d'accessoire ils expliquent comment l'action civile se trouve soumise à la prescription de l'action publique. Ils posent en principe que l'action civile est recevable par cela seul que l'action publique se trouve l'être. L'acquittement suppose évidemment épuisement de l'action publique, et par suite irrecevabilité de l'action civile. Il y a là une *inelegantia juris* : de l'irresponsabilité pénale seule jugée, est-il possible de conclure à l'irresponsabilité civile ? Lorsque l'action publique intentée a été suivie d'une condamnation, le principe si énergiquement affirmé par les jurisconsultes de l'ancien droit aurait dû entraîner aussi irrecevabilité de l'action civile ; mais devant une telle conséquence, si contraire à l'équité, ils ont reculé : par exception, l'action civile devient recevable, bien que l'action publique ait cessé de l'être. Les dommages-intérêts apparaissent alors plutôt comme une suite de la condamnation que comme la réparation civile du dommage causé : c'est bien là ce qu'exprime Muyard de Vouglans (1) qui, à propos de la règle *non bis in idem*, porte comme huitième exception à cette règle, le cas où l'accusé, poursuivi par le ministère public et ayant subi sa peine, peut

---

3. Muyard de Vouglans, *Inst. au Dr. crim.*, 3e partie, chap. IV, p. 81.

être poursuivi de nouveau par la partie civile pour ses dommages-intérêts. La règle *non bis in idem* interdit de renouveler une accusation, sur laquelle est déjà intervenue une décision judiciaire de condamnation ou d'acquittement. Comment l'action civile intentée postérieurement au jugement de l'action publique pourrait-elle constituer une violation de cette règle, si on ne voit pas dans les dommages-intérêts une peine accessoire ? Ainsi donc, avec cette notion de l'action civile, accessoire de l'action publique, on arrive, aussi bien au cas d'acquittement qu'au cas de condamnation, à des conséquences vraiment inadmissibles et contraires à la nature même de cette action. Nous verrons dans la suite de notre étude, que le droit moderne a restitué à l'action civile sa vraie physionomie, en rejetant cette idée d'accessoire de l'action civile par rapport à l'action publique. Cependant nous devons remarquer que cette conception de l'action civile, n'était pas sans présenter, en fait, de nombreux avantages. Que de discussions se sont élevées, dans notre droit moderne, sur le point de savoir quelle était l'influence, au civil, de la chose jugée au criminel, en cas d'acquittement ! Or, l'acquittement entraînant extinction de l'action civile, la question ne se posait même pas. Puis, cette même notion d'accessoire faisait échapper l'action civile à la théorie romaine sur les rapports du criminel et du civil au point de vue de la chose jugée. Le principe restait, qui consistait à refuser à la chose jugée au criminel toute influence au civil. Les jurisconsultes de notre ancien droit ne paraissent pas même avoir songé à contester un principe que le droit romain appuyait de toute son autorité. Seule l'action civile était rejetée en dehors de ce principe ; et cette restriction faisait ainsi de l'idée romaine une règle presque purement théorique, puisqu'on lui enlevait le cas le plus

fréquent où elle aurait pu s'appliquer. On arrivait donc relativement à l'action civile seulement, à un résultat analogue, mais non identique, à celui qu'admet notre jurisprudence actuelle: empêcher toute contradiction entre la chose
jugée au civil et la chose antérieurement jugée au criminel. Ainsi s'explique très simplement le silence absolu de
tous nos anciens jurisconsultes sur cette question si controversée dans notre droit moderne de l'influence au civil
de la chose jugée au criminel.

SECTION TROISIÈME

Droit intermédiaire. — Nous venons de voir que, dans
l'ancien droit, on avait, depuis bien longtemps, distingué
l'action publique de l'action civile *stricto sensu* ; mais ces
deux actions, bien que distinctes, n'étaient pas absolument
séparées : l'action publique n'avait pas acquis, entre les
mains du ministère public, cette indépendance entière qui
la caractérise aujourd'hui ; l'action civile, de son côté,
était étroitement restée sous la dépendance de l'action publique.

Dans notre droit intermédiaire, il faut arriver jusqu'au
Code du 3 brumaire de l'an IV, pour trouver, rationnellement formulées, des règles nouvelles sur les rapports de
l'action publique et de l'action civile. L'action civile est-
elle restée, ce qu'elle était sous l'ancien droit, l'accessoire,
la dépendance de l'action publique ? Ainsi se pose, durant
cette période, la question de l'autorité au civil de la chose
jugée au criminel : car on comprend que si l'action civile
est encore l'accessoire de l'action publique, il n'y a pas de
raison pour que le principe varie, l'action civile étant celle

3

à propos de laquelle on a le plus souvent à se demander quelle influence peut exercer sur elle la chose jugée au criminel.

Le droit ancien a été maintenu par le droit intermédiaire, a dit M. Griolet (1), et du droit intermédiaire a passé tout entier dans notre droit moderne. Si ce système est exact, on comprend que tout est dit : la chose jugée au criminel est sans influence au civil. Seule l'action civile est en dehors de ce principe. Nous sommes donc tout naturellement conduit à l'exposition et à la réfutation de cette thèse.

L'action publique est-elle prescrite, l'action civile est prescrite, elle aussi, avait dit l'ancien droit. Est-elle épuisée par son exercice, même, l'action civile, en principe, devient irrecevable. La prescription et la chose jugée se trouvent donc rapprochées, et produisent l'une et l'autre, sur l'action civile, un effet semblable. M. Griolet a pris ce rapprochement comme point de départ de sa thèse. Il constate d'abord qu'aux termes des articles 9 et 10 du Code de brumaire, an IV, l'action civile reste soumise, comme dans l'ancien droit, à la prescription de l'action publique. S'il en est ainsi, pourquoi l'action civile ne serait-elle pas irrecevable, lorsque l'action publique est épuisée par la chose jugée ? Il ne faut pas oublier que l'ancien droit avait reconnu la recevabilité de l'action civile, par exception, au cas de condamnation. M. Griolet estime qu'il en est encore de même dans le Code du 3 brumaire de l'an IV : tel serait, d'après lui, le sens de l'article 8 de ce Code : « l'action civile peut être poursuivie séparément (de l'action publique). Dans ce cas, l'exercice en est suspendu tant qu'il n'a pas été pro-

1. Griolet, *loc. cit.* p. 345 et suiv.

noncé définitivement sur l'action publique, intentée avant
ou pendant la poursuite de l'action civile. » Si on est
obligé de surseoir au jugement de l'action civile, c'est bien
évidemment parce que la chose jugée sur l'action publique
exerce une influence sur le sort de l'action civile. Comment douter alors que le système de l'ancien droit n'ait pas
été maintenu en ce qui concerne la chose jugée, puisqu'il
est maintenu en ce qui concerne la prescription. Le rapprochement de l'article 8 et des articles 9 et 10 du Code de
brumaire achève la démonstration. L'action civile est donc
l'accessoire de l'action publique, dans le droit intermédiaire comme dans l'ancien droit. Mais M. Griolet ne s'ar-
rête pas là : le droit actuel n'est, pour lui, que la reproduction du droit intermédiaire, tel qu'il vient de l'expliquer :
l'article 2 du Code d'instruction criminelle soumet l'action
civile à la prescription de l'action publique ; enfin l'article
3 de ce même Code de 1808 n'est que la copie littérale de
l'article 8 du Code de brumaire. Aucun texte, dans notre
droit moderne, n'établit, *expressis verbis*, l'autorité au
civil de la chose jugée au criminel. Le principe romain
qui nie toute influence du criminel sur le civil, après avoir
traversé l'ancien droit, reste encore debout. Le droit intermédiaire et le droit moderne ne sont, en un mot, que
l'ancien droit, de nouveau promulgué et sanctionné par
la loi.

Le système de M. Griolet nous semble cependant tout à
fait inadmissible. Loin de maintenir l'ancien droit, le Code
brumaire a rompu avec lui et introduit dans la législation,
relativement aux rapports de l'action civile et de l'action
publique, un système nouveau : l'action civile peut bien
être intentée conjointement à l'action publique, dans la
même instance et devant les mêmes juges ; mais l'action
civile n'est plus *l'accessoire* de l'action publique.

Pour démontrer l'innovation du Code de brumaire, il suffit d'établir les deux propositions suivantes :

1° Contrairement à l'ancien droit, les parties lésées sont sans droit sur l'action publique : la distinction des délits publics et des délits privés disparaît. L'action publique appartient à la société : elle seule a le droit de l'intenter, ou de renoncer à son exercice : ce qu'elle fait au moyen des lois d'amnistie. La transaction intervenue entre les parties lésées et l'auteur du fait dommageable éteint bien l'action civile, mais reste sans effet sur l'action publique. Il en est ainsi dans le Code de brumaire, comme dans celui de 1808 (article 4, 5, 93, C. br., art. 1, 4, C. inst. crim.).

2° L'action civile est indépendante de l'action publique comme l'action publique est indépendante de l'action civile. Et cependant, dira-t-on, pourquoi l'action civile est-elle soumise à la prescription de l'action publique ? Comment en maintenant cette conséquence, le législateur n'aurait-il pas maintenu le principe? La réponse est facile. Ce qui a induit ici M. Griolet en erreur, c'est que des principes différents produisent quelquefois des effets semblables : le législateur a soumis l'action civile à la prescription de l'action publique, parce que l'intérêt privé doit fléchir devant l'intérêt supérieur de la société. La répression des crimes intéresse en effet la société toute entière; par l'effet de cette prescription commune aux deux actions, la partie lésée se trouve obligée, sous peine de perdre son droit d'action, d'agir au civil pour la réparation du dommage causé, avant l'extinction de son droit par la prescription de l'action publique. Il est vrai qu'au civil le juge ne peut pas, aux termes de l'article 2223, C. c., suppléer d'office le moyen résultant de la prescription. Mais cette règle ne s'applique qu'à la prescription civile. Au contraire la prescription de l'action publique est d'ordre public ; le juge doit donc s'assurer, *par lui-même et d'office,* que la prescription n'est pas accomplie. Nous avons dit, en effet, que l'action civile était soumise à la prescription de l'action publique ; et ce n'est pas là seulement une question de délai, le juge civil doit appliquer la prescription de l'action publique toute entière. Il en résulte que la partie civile, le délai de la prescription accompli, a perdu définitivement son droit d'action. Il lui est donc impossible de s'abstenir, sans renoncer à la réparation du dommage causé, de faire connaître au pouvoir social le fait criminel avant que la prescription de l'action publique ne soit accomplie. Ainsi la prescription commune de l'action publique et de l'action civile, peut s'expliquer rationnellement, sans qu'on ait besoin de recourir à l'idée d'accessoire ; et cela nous suffit pour la rejeter ; car nous allons voir que le législateur, loin de s'inspirer de cette idée, l'a au contraire contredite d'une manière évidente.

Si, en effet, l'action civile en réparation du dommage causé était encore l'accessoire de l'action publique, le droit moderne, comme l'ancien droit, aurait déclaré cette action irrecevable après un jugement d'acquittement. M. Griolet croit voir cette distinction dans l'article 8 du Code du 3 brumaire de l'an IV. Mais cet article ne dit qu'une chose : le juge civil doit surseoir au jugement de l'action civile, lorsqu'à propos du même fait, l'action publique est intentée. Cet article ne distingue nullement entre les jugements de condamnation et les jugements d'acquittement. L'instance civile, momentanément suspendue, reprendra son cours même après un jugement d'acquittement. Et du reste le législateur a eu soin de s'expliquer expressément sur ce point : l'action civile, *stricto sensu,* est recevable, même après un jugement d'acquittement. L'article 432 du Code de brumaire est ainsi conçu : « les juges prononcent ensuite et sans désemparer, la peine établie par la loi, ou *acquittent l'accusé* si le fait dont il est convaincu n'est pas défendu par elle. *Dans l'un et l'autre cas*, ils statuent sur les dommages-intérêts prétendus *par la partie plaignante* ou par l'accusé. »

L'article 365, *Inst. crim.*, n'est pas moins explicite : « *Dans le cas d'absolution comme dans celui d'acquittement ou de condamnation, la cours statuera sur les dommages-intérêts prétendus par la partie civile.* » Une telle constation faite par le législateur ne laisse place à aucun doute, et suffit pour renverser cette thèse historique. Ainsi l'ancien droit et le droit moderne diffèrent profondément l'un de l'autre, et il est impossible de considérer l'action civile comme l'accessoire de l'action publique, puisque le jugement d'acquittement, contrairement à notre ancien droit, laisse l'action civile entière.

Enfin, ce qui achève de démontrer combien cette thèse est contraire à la loi, c'est que le sursis, organisé pour l'action civile *stricto sensu*, par l'article 8 du Code de brumaire devrait être spécial a cette seule action civile. Mais cet article 8 n'est que l'application à un cas particulier d'une règle générale. L'article 536 du même Code en est la preuve : « Mais si la partie qui a argué de faux la pièce, soutient que celui qui l'a produite est l'auteur du faux, l'accusation est suivie criminellement dans les formes ci-dessus prescrites ; et, conformément à l'article 8, il est sursis au jugement du procès civil jusqu'après le jugement de l'accusation de faux. » On le voit donc, cette règle, *le criminel tient le civil en état,* est le principe des rapports du criminel et du civil, lorsqu'un même fait est à la fois porté devant la justice civile et devant la justice criminelle. Il n'y a pas à rechercher quelle est l'action civile soumise au juge civil : qu'il s'agisse de l'action en réparation du dommage causé, qu'il s'agisse des conséquences civiles d'un acte juridique à propos duquel un procès criminel en faux a eu lieu, le juge civil est toujours tenu d'attendre l'issue du procès criminel pour pouvoir statuer (art. 3, *Inst. crim.*, 235, C. c. ; 240, C. pr. c.).

Une seule objection peut nous être faite, à laquelle il nous est bien facile de répondre : le législateur moderne n'a-t-il pas reconnu, comme l'avait déjà fait l'ancien droit, le lien intime qui unit l'action publique et l'action civile, puisqu'il a permis à la partie lésée d'intenter son action devant la justice répressive, accessoirement à l'action publique. Ce n'est là qu'une règle de procédure ; l'action civile, pour être portée devant la justice répressive, ne cesse pas d'avoir pour base légale l'article 1382 du Code civil. Du reste, la bonne administration de la justice exigeait qu'il en soit ainsi. La société, en permettant à la partie civile d'intervenir à l'instance criminelle, trouve, dans la partie civile, un auxiliaire d'autant plus précieux qu'il est plus intéressé. Qu'importe maintenant que l'on dise, l'action civile est intentée *accessoirement* à l'action publique. Ce n'est là qu'une forme de langage ; et elle ne saurait prévaloir sur la nature même de l'action civile. (1)

1. La jurisprudence reconnaît l'indépendance des deux actions, même quand elles sont exercées dans la même instance : ainsi s'exprime sur ce point la Chambre criminelle de la Cour de cassation : « Attendu que l'action publique et l'action civile sont essentiellement distinctes ; que chaque partie ne peut agir que dans l'intérêt de l'action qui lui est propre. Attendu que ces deux actions peuvent être exercées ensemble ou séparément ; que même lorsqu'elles sont *portées simultanément devant la juridiction répressive elles n'en sont pas moins indépendantes*, en sorte que l'une peut être définitivement réglée par l'autorité de la chose jugée, et l'autre se débattre encore sur opposition ou sur appel. » Arrêt du 21 juillet 1859. D. 59, 1, 331.

CHAPITRE DEUXIÈME

DU PRINCIPE DE L'AUTORITÉ AU CIVIL DE LA CHOSE JUGÉE AU CRIMINEL

De l'étude historique à laquelle nous venons de nous livrer, il résulte que la chose jugée au criminel n'a jamais eu au civil force de chose jugée. L'ancien droit n'a fait que prendre dans le droit romain un principe clairement établi par cette législation. Nous devons aussi retenir de cette étude que les inconvénients pratiques qui résultaient de cette indépendance des juridictions criminelle et civile l'une à l'égard de l'autre, ont toujours été mitigés: à Rome, l'action pénale privée était bien souvent éteinte par l'exercice même de l'action publique, ou plutôt par la prononciation d'une peine ; et s'il n'en était pas ainsi, on laissait juger d'abord le procès criminel dans l'intérêt de la bonne administration de la justice. Dans notre ancien droit, aucune contradiction n'était possible entre la chose jugée au criminel et la chose jugée sur l'action civile en réparation du dommage causé, puisqu'en cas d'acquittement, l'action civile n'existait plus. Aujourd'hui, il n'en est plus de même ; aucune distinction entre les différentes actions civiles n'est possible : le juge civil peut contredire la chose jugée au criminel, quelle que soit l'action civile dont il est saisi ; ou au contraire, le juge civil est tenu de respecter la chose jugée au criminel, d'une manière absolue sans distinction possible. Avec notre droit moderne, la question se pose sans restriction, il faut opter ; et s'il en est ainsi, c'est que le législateur du Code du 3 brumaire a fait de l'action civile une analyse exacte et conforme à sa nature.

Et d'abord est-il possible de dire, d'une manière absolue, que le juge civil peut contredire le juge criminel. Admettre un tel principe, serait remettre à chaque instant en question les décisions les plus graves. Un juge civil pourrait proclamer l'innocence de celui qui a été condamné : autant vaudrait renoncer à toute justice répressive. Mais, nous dira-t-on, il s'agit moins de considérations pratiques, quelque puissantes qu'elles soient,' que de principe juridique. En thèse générale, le juge civil est libre, en fait comme en droit. Si on prétend restreindre cette liberté, il faut s'appuyer sur un texte de loi ou sur un principe de droit d'une certitude absolue. Or aucun texte n'existe dans nos lois aux termes duquel le juge civil se trouve contraint au respect de la chose jugée au criminel. S'agit-il d'une question de chose jugée, comme l'avait cru Merlin? Peut-on dire, en un mot, qu'entre l'action publique et l'action civile, il y a identité d'objet, de personne et de cause? Avant d'examiner ce point, remarquons que si ces trois identités existaient, on n'aurait démontré qu'une seule chose : l'obligation pour le juge civil, saisi de l'action civile en réparation du dommage causé, de respecter la chose jugée au criminel. Mais, pour toutes les autres actions civiles qui peuvent naître d'un fait, cette obligation n'existerait plus. Cette remarque faite, recherchons si vraiment il peut y avoir les trois identités exigées par l'article 1351 C. c. pour que l'exception de chose jugée puisse être posée : qu'il n'y ait pas identité d'objet, c'est ce qui est certain, l'action publique a pour objet la peine, l'action ci-

vile la réparation du dommage causé. Y a-t-il identité de
cause? On pourrait le soutenir, puisque le même fait sert
à la fois de cause à l'action publique et à l'action civile. Et
cependant cette identité n'existe pas. Mais laissons sur ce
point la parole à M. Ortolan : « Le fait qu'on est porté au
premier abord à dire le même, diffère, dans l'une et l'autre
action, sous deux rapports : dans l'une, il est poursuivi
comme violation d'une loi pénale, et, si cette violation ne
s'y rencontre pas, quelque préjudiciable et fautif que soit
le fait, l'action publique n'est pas fondée; dans l'autre cas,
il est poursuivi comme ayant occasionné injustement un
préjudice, et si aucun préjudice ne s'y rencontre, quelque
violation d'une loi pénale que contienne le fait, l'action civile n'est pas fondée (1). » Le fait, en tant que cause de l'action publique, n'est donc pas identique au fait considéré
en tant que cause de l'action civile. Y a-t-il enfin identité
de personnes? Pour que l'identité de parties existe conformément à l'article 1351 C. c., il faut identité juridique et
non identité physique, c'est-à-dire que chacune des deux
parties considérées doit agir en la même qualité. Or le
ministère public agit, au criminel, au nom de la société
qu'il représente, et la partie lésée agit, au civil, en son
propre nom. Il importe peu que le ministère public exerce
une fonction publique, qu'il tienne son mandat de la loi :
chacune des parties considérées n'agit pas en la même
qualité; il est donc impossible d'admettre l'identité de
parties.

Cette controverse n'a plus aujourd'hui qu'un intérêt historique. Au commencement de notre siècle, la question de
l'influence au civil de la chose jugée au criminel se posait

1. Ortolan, *Eléments de droit pénal*, édition de M. Albert Desjardins,
t. II, p. 315.

dans des conditions toutes nouvelles : c'était, à proprement
parler, une question neuve, aussi on comprend l'embarras
de Merlin. L'article 1351 C. c. analyse les conditions de la
chose jugée ; « mais ces conditions ne sont susceptibles de
se réaliser que d'un jugement civil à un jugement civil, et
non d'un jugement criminel à un jugement civil, » comme
disait avec juste raison M. l'avocat général Oscar de Vallée, en donnant ses conclusions dans l'affaire Mirès (1). En
restant sur ce terrain, il faudrait dire avec Toullier (2) que
la chose jugée au criminel est sans autorité au civil ; un
rapport de droit criminel, en effet, ne peut jamais être
identique à un rapport de droit civil.

Puisque la théorie de la chose jugée était impuissante à
fonder l'autorité au civil de la chose jugée au criminel, on
a cherché à établir ce principe avec la théorie des questions préjudicielles au jugement de l'action publique. L'action publique, dit-on (3), est préjudicielle au jugement de
l'action civile, comme l'action civile en revendication de
propriété immobilière est préjudicielle au jugement de
l'action publique. Il y a peut-être bien dans cette manière
de voir, comme nous le dirons dans la suite de ce travail,
une part de vérité, en ce sens que les questions préjudicielles à l'action publique ou au jugement de l'action publique, appartiennent à la théorie de la compétence *ratione
materiæ*. Mais nous croyons que faire appel aux questions
préjudicielles, c'est en réalité compliquer la question à
tort. Lorsque le prévenu d'un délit forestier, par exemple,
se défend en alléguant la propriété du lieu à propos du-

1. Voir D. 64. 2. 25.
2. Toullier, 1. 8, n° 30 ; 1. 10, n° 240.
3. Voir Mangin, *Traité de l'action publique et de l'action civile*, 1. II,
p. 400 et suiv.

quel le délit a été commis, c'est de l'existence même du délit qu'il s'agit : si en effet le prévenu est propriétaire, il n'y a plus de délit possible. Il faut donc, pour arriver à la solution de la question principale, existe-t-il un délit? résoudre la question préjudicielle de propriété. C'est là une nécessité à laquelle il est impossible de se soustraire. Or il n'en est pas de même, lorsque, le juge civil étant saisi de l'action civile, l'action publique est intentée à propos du même fait : il peut en effet y avoir lieu à réparation civile, sans que, pour cela, le fait constitue un délit : ce n'est donc pas à proprement parler une question préjudicielle. Pour qu'il en soit ainsi, l'action civile aurait dû ne pouvoir être intentée qu'après le jugement de l'action publique. Le jugement de l'action publique n'est pas une nécessité telle que, sans lui, on ne puisse juger la question principale, c'est-à-dire l'action civile. C'est là ce que M. Oscar de Vallée (2) exprimait en disant : « Si telle eût été la volonté du législateur, il aurait dessaisi le juge civil au lieu de lui ordonner de surseoir. » Et M. Bertauld, dans son livre des *Questions préjudicielles,* a démontré jusqu'à l'évidence que c'était confondre un simple sursis et une question préjudicielle.

Cette théorie repose toute entière, on le voit, sur l'article 3 et sur l'analogie qui existe entre ce sursis et les questions préjudicielles. Nous répondrons en disant que cette analogie est plus superficielle que réelle. MM. Aubry et Rau (2) ont repris ce système en le dépouillant précisément de l'analogie dangereuse sur laquelle il s'appuie : « Il faut, disent-ils, pour déterminer la portée de la chose jugée par un tribunal, dans ses rapports avec un autre tribunal,

1. Oscar de Vallée, *Conclusions dans l'affaire Mirès*, D. 64. 2. 25.
2. Aubry et Rau, *Droit civil*, t. VIII, p. 405.

s'attacher principalement et avant tout à la nature et au but de son institution. »

Pour ces auteurs, l'article 3 et le sursis qu'il ordonne est impuissant à faire admettre l'autorité au civil de la chose jugée au criminel. « L'argument qu'on a coutume d'en tirer à l'appui de cette thèse, disent-ils, nous paraît un peu forcé. » Faisons donc abstraction avec ces auteurs de l'article 3 et demandons-nous si l'idée de compétence, ainsi réduite à elle seule, est suffisante pour établir une telle théorie. La juridiction de répression a pour mission de reconnaître l'existence d'un crime ou d'un délit. La contredire est porter atteinte à ce qui est sa fonction essentielle. La justice civile est incompétente pour reconnaître l'existence d'un crime ou d'un délit. Elle ne peut donc, sans sortir des limites de sa compétence, contredire la chose jugée au criminel. Il ne s'agit pas ici d'organisation judiciaire, comme paraît le croire M. Demolombe (1), mais seulement de compétence *ratione materiæ*. Ce système a été admis par Marcadé (2), par Ortolon (3), par M. Demolombe, avec le correctif que nous avons indiqué. Qu'il nous soit permis de faire une remarque sur la manière dont M. Ortolan a présenté ce système dans ses *Éléments de droit pénal* (t. II, p. 468, n° 2136 et suiv.).

M. Ortolan fait entrer cette question dans ses explications sur la compétence générale et la répartition des pouvoirs ; il réunit dans le même chapitre l'obligation pour le juge criminel de respecter l'autorisation des Chambres, de poursuivre un député, celle pour le même juge criminel de respecter la décision du pouvoir administratif, préju-

1. Demol., t. XXX, p. 382.
2. Marcadé, tome V, p. 204.
3. Ortolan, *loc. cit.*, t. II, p. 467.

dicielle à l'action publique, et enfin l'obligation pour le juge
civil de respecter la chose jugée au criminel. Le premier
cas dont nous venons de parler appartient au droit consti-
tutionnel. Des raisons toutes spéciales et dans lesquelles
nous n'avons pas à entrer ici, ont fait établir cette autorisation préalable. Quant à l'obligation de respecter les décisions émanées du pouvoir administratif, c'est là une application de la séparation des pouvoirs judiciaire et administratif. Placer, dans le même ordre d'idées, l'obligation pour
le juge civil de respecter la décision du juge de répression
conduirait donc à rechercher s'il n'existe pas, entre la justice civile et la justice répressive, une séparation analogue
à celle dont nous venons de parler. Une telle question ne
peut faire l'ombre d'un doute : la justice criminelle et la
justice civile n'ont jamais été séparées ainsi. Le juge de
l'action est juge de l'exception : telle est la règle qui détermine les rapports réciproques de deux juridictions. L'existence des questions civiles préjudicielles au jugement de
l'action publique en est une preuve suffisante. Un juge civil pourra donc être admis à déclarer qu'un fait constitue
un crime ou un délit, si un tel moyen de défense à une action civile est présenté devant lui : il n'aura pas besoin
pour cela de renvoyer l'examen de cette question au juge
de répression : c'est ce qui arrivera lorsque, à l'action civile *stricto sensu*, le défendeur soutient que le fait étant
un crime ou un délit, l'action dont s'agit est prescrite. Il
est inutile, du reste, de chercher à démontrer la fausse assimilation à laquelle on pourrait se laisser entraîner, par
le rapprochement que M. Ortolan fait entre les différentes
questions que nous venons d'indiquer.

Il s'agit donc uniquement de la compétence *ratione materiæ* ; en restant sur ce terrain, nous éprouvons des doutes

à admettre la théorie de MM. Aubry et Rau. Que les juridictions de répression soient seules compétentes pour dire
qu'il y a crime, c'est ce qui est bien certain. Mais la chose
jugée par ces juridictions est relative à la criminalité et
non à la réparation civile du dommage causé. Or, le juge
civil est, de son côté, compétent pour statuer sur l'action
civile, non seulement au point de vue du dommage causé,
mais même au point de vue de l'appréciation des faits : et
cette compétence s'affirme bien dans le cas où la partie lésée porte son action au civil avant toute mise en œuvre de
l'action publique. Si l'action publique n'est pas intentée, le
procès civil suivra son cours normal : il sera impossible de
soutenir l'incompétence du tribunal civil, pour cette raison
que les faits pourraient être criminels. Cette incompétence
n'apparaîtrait que dans le cas où une décision du juge de
répression serait intervenue. Or, la compétence *ratione
materiæ* est absolue de sa nature : elle ne peut dépendre
de la mise en œuvre d'une action, de l'action publique, en
l'espèce. C'est, du reste, en reconnaissant la compétence du
juge civil que M. Faustin-Hélie (1) en arrive à nier toute
influence du criminel sur le civil. Le juge civil ne tient-il
pas de la loi le droit de statuer sur l'action civile ? Nous ne
voyons donc pas la possibilité de faire reposer sur l'idée
d'incompétence l'autorité au civil de la chose jugée au criminel. Il est vrai que si cette autorité existe. le juge civil
qui la méconnaît va au-delà de son pouvoir, et on peut dire,
alors, qu'il excède sa compétence : mais cette incompétence n'est, à vrai dire, que la conséquence de l'autorité au
civil de la chose jugée au criminel, une fois admise ; elle
ne saurait en être la cause. Il faut donc aller chercher ailleurs la raison d'être de cette théorie juridique.

1. Faustin-Hélie, *Inst. crim.*, t. III, p. 787.

Pour nous, les inconvénients pratiques qui résulteraient du pouvoir pour le juge civil de contredire la chose jugée au criminel, ne doivent jamais être perdus de vue dans cette discussion. Il s'agit uniquement d'éviter les scandales qui résulteraient de deux décisions contradictoires, l'une civile, l'autre criminelle, et non de chose jugée ou de compétence. Nous croyons, en répudiant toute analogie avec la théorie des questions préjudicielles, que l'art. 3 Inst. crim. constitue une base suffisante pour asseoir cette influence de la chose jugée au criminel sur le civil. Quelle pourrait être, en effet, l'intention du législateur en *obligeant* le juge civil à surseoir au jugement de l'action civile, lorsque, à propos du même fait, l'action publique est intentée? Ou ce sursis est sans utilité, ou il suppose l'obligation pour le juge civil de ne pas contredire la chose jugée au criminel. M. Faustin-Hélie repousse, nous l'avons déjà dit, toute influence du criminel sur le civil. Aussi cherche-t-il à diminuer l'argument qu'invoquent ceux qui soutiennent la théorie opposée, et qu'on a coutume de tirer de l'article 3 Inst. crim. : « La loi a voulu, dit le savant criminaliste, que les lumières plus abondantes qui pourraient jaillir de l'instruction criminelle pussent servir à éclairer l'instance civile; elle a voulu que les deux juridictions ne pussent juger à l'insu l'une de l'autre et tomber involontairement dans des sentences contradictoires; elle a voulu peut-être encore prévenir l'influence que le jugement civil aurait pu exercer sur la juridiction criminelle » (Faustin-Hélie, *loc. cit.*, tome III, p. 781).

Aucune des trois raisons données par M. Faustin-Hélie n'est de nature à satisfaire pleinement l'esprit. Reprenons-les successivement : « la loi a voulu, nous dit-il en premier lieu, que les lumières plus abondantes qui pourraient jail-

lir de l'instruction criminelle pussent servir à éclairer
l'instance civile. » Nous ne voyons pas pourquoi le législateur aurait montré ici tant de sollicitude pour le demandeur au civil. N'est ce pas à lui à faire, au civil, la preuve
du bien-fondé de sa demande? Et cette preuve ne doit-il
pas la faire à ses risques et périls? Alors pourquoi le législateur aurait-il voulu que les lumières qui peuvent jaillir du
procès criminel vinssent éclairer le procès civil? Il semble, au contraire, en raisonnant ainsi, que le législateur
aurait dû éclairer l'instance criminelle par les lumières du
procès civil, et, par conséquent, faire passer le civil avant
le criminel.

En second lieu, M. Faustin-Hélie estime que peut-être le
législateur a cherché à éviter des sentences contradictoires
involontaires et, pour cette raison, il aurait donné la prio-
rité à l'instance criminelle sur l'instance civile. Mais le
meilleur moyen d'éviter le danger dont parle M. Faustin-
Hélie est d'obliger le juge civil à ne pas contredire le juge
criminel. Il aurait mieux valu alors ne pas établir ce sursis obligatoire et laisser les deux procès suivre en même
temps leur cours normal. Des sentences contradictoires
auraient pu être rendues; mais cette contradiction eût été
involontaire, et partant, bien moins dangereuse pour l'ordre public, que la contradiction voulue du civil et du criminel.

En troisième lieu enfin, M. Faustin Hélie propose cette
explication possible : prévenir l'influence morale que le
jugement civil aurait pu exercer sur l'isntance criminelle. La gravité des procès criminels est telle que le juge
ne doit être influencé par aucun préjugé. Mais si ce danger
avait réellement préoccupé le législateur il aurait dû le
supprimer dans tous les cas : or il n'en est pas ainsi. Le

crime ou le délit serait-il nettement caractérisé, de telle
sorte qu'aucun doute ne soit possible sur son existence,
le juge civil n'est tenu de surseoir que si l'action publique
est intentée. Or il arrivera souvent que le jugement civil
sera rendu avant que l'action publique n'ait été mise en
mouvement. Dans ce cas, l'instance criminelle sera mora-
lement préjugée par l'instance civile. La seule possibilité
d'un jugement civil rendu antérieurement à l'instance criminelle, à propos du même fait, suffit, à nos yeux, pour
renverser la considération invoquée par M. Faustin Hélie.

Il est donc difficile de rendre un compte suffisant du sursis organisé par l'article 3 inst. crim., si l'on ne voit pas,
implicitement contenu dans ce sursis, l'obligation pour le
juge civil de respecter la chose jugée au criminel. En vain
nous opposerait-on la tradition historique : l'ancien droit
n'avait fait que s'inspirer du droit romain pour maintenir
l'indépendance absolue des deux juridictions. Mais l'ancien droit, en faisant de l'action civile l'accessoire de l'action publique, avait évité toutes les difficultés en présence
desquelles nous nous trouvons aujourd'hui. Le droit romain n'a plus rien à faire dans notre question ; aucun rapprochement ne peut être établi entre l'ancien droit et le
droit moderne : nous sommes donc autorisés à conclure du
caractère général et absolu de cette règle : le criminel tient
le civil en état, à cette seconde règle, si voisine de la première, et aussi générale qu'elle : le juge civil est tenu de
respecter la chose jugée au criminel.

Du reste, il est nécessaire de rapprocher de cet article 3
les autres textes qui touchent à cette question des rapports
du criminel et du civil. A ce contact l'article 3 prend une
force nouvelle en faveur de la théorie dont nous poursuivons l'étude. Les articles suivants prouvent au moins que

cette idée d'influence au civil de la chose jugée au criminel est exacte pour les cas qu'ils prévoient :

1° L'article 198 C.c. étudie l'hypothèse où, par suite d'un crime ou d'un délit, la preuve de la célébration d'un mariage, l'acte de l'état civil, se trouve détruit, ou mis hors d'état de servir aux intéressés. Le jugement prononcé contre l'officier de l'état civil, auteur du crime ou du délit, peut contenir la preuve que la célébration du mariage a eu lieu. Il ne peut prouver que le fait de la célébration et non la nullité ou la validité du mariage. La célébration d'un mariage a, dans la vie civile, une importance telle que le législateur n'en admet, en principe, d'autre preuve que l'acte de l'état civil : ces actes sont essentiellement publics. Le jugement émanant du tribunal de répression contient la preuve de cette célébration, mais cette preuve n'est pas rendue publique par le mode de publicité ordinaire à ces actes. Aussi le législateur ordonne t-il l'inscription de ce jugement sur les registres de l'état civil. De cette article résulte bien, que la preuve faite dans une instance criminelle, est de nature à pouvoir être invoquée au point de vue civil. Cet article 198 C. c. soulève, il est vrai, une controverse, relativement au point de savoir si la chose jugée au criminel est opposable aux tiers : nous examinerons cette question quand le temps en sera venu.

2° Une instance en séparation de corps ou en divorce a toujours pour cause un fait que l'époux demandeur reproche à l'époux défendeur, et sur lequel il fait reposer sa demande. Ce fait, juste cause de divorce, peut être en même temps un crime ou un délit. Telle est l'hypothèse prévue par l'article 235 C.c.(1) L'action publique est-elle mise en mouve-

1. Cet article est aujourd'hui remplacé dans le Code civil par l'article 1 de la loi du 18 avril 1886 sur la procédure en matière de divorce. Mais

ment? le tribunal saisi de l'instance en divorce, est tenu
conformément à la règle générale, de surseoir jusqu'après
la solution de l'instance criminelle. « Alors, dit l'article 235
in fine, l'action en divorce pourra être reprise, sans qu'il
soit permis d'inférer de l'arrêt aucune fin de non recevoir
ou exception préjudicielle contre l'époux demandeur. » Il
s'agit dans la partie finale de cet article du cas où l'époux
défendeur a été acquitté au criminel. Si l'époux défendeur
ne peut, au civil, se retrancher derrière le jugement d'acquittement, il résulte, *a contrario*, de ce texte, que l'époux
demandeur opposerait utilement à son contradicteur, le
jugement de condamnation. Cet article contient donc au
moins dans ce cas l'application du principe de l'autorité
au civil de la chose jugée au criminel.

On objecte aussitôt que ce texte ne fait du principe
qu'une application boiteuse. Pourquoi, si ce principe
existe, reconnaître au jugement de condamnation, l'autorité que l'on refuse aux jugements d'acquittement? Les
travaux préparatoires du Code civil démontrent que cette
restriction, loin d'être la négation du principe, en est, au
contraire l'affirmation. Le texte, ci-dessus cité, de l'arti-
235 C. c. a remplacé un article primitif ainsi conçu, dans le
projet : « Sur la présentation du jugement qui a condamné
ou absous l'accusé, le divorce demandé par l'autre époux
sera admis ou rejeté. » (1) Le législateur en modifiant cet
article du projet a seulement reconnu que l'on ne pouvait pas
faire sortir du jugement d'acquittement, comme une conséquence immédiate et nécessaire, le rejet pur et simple de

tout abrogé qu'il est, cet article n'a pas cessé d'exprimer une idée toujours exacte. Il a été abrogé plutôt comme superflu que comme contraire
aux principes du droit.

1. Article 27 du projet. Voir Lockré, l. 18, p. 254.

la demande en divorce. Une seule chose est jugée : aucun
délit n'a été commis ; ce qui ne veut pas dire que le fait
n'ait pas eu lieu : peut-être l'intention criminelle n'existait-
elle pas : la condamnation était donc impossible. Y a-t-il
lieu de prononcer le divorce demandé ? Tel est le seul
point soumis à la juridiction du tribunal civil : un fait in-
suffisant pour constituer un crime ou un délit, peut constituer cependant une injure grave : Il n'y a donc rien de
contradictoire entre l'acquittement au criminel et la prononciation du divorce, alors que le même fait a servi de
cause à l'action civile et à l'action publique, tout à la fois.
Nous conclurons en reconnaissant dans l'article 235 C. c.
une seconde application du principe de l'influence au civil
de la chose jugée au criminel.

3º L'article 463, Inst. crim., suppose l'hypothèse où des
actes authentiques ont été déclarés faux en tout ou en
partie ; « La Cour ou le tribunal qui aura connu du faux,
dit cet article, ordonnera qu'ils soient rétablis, rayés, ou
réformés, et que, du tout, il soit dressé procès-verbal. »
Ces précautions ne sont-elles pas prises pour que, si ces
mêmes actes donnent lieu à un procès civil, le tribunal
civil puisse ainsi tenir compte de la chose jugée au criminel ? L'opposition qui existe, il est vrai, entre cet article
et l'article 241, C. pr. c., fait naître la question de savoir si
la chose jugée au criminel s'impose à tous au civil. Nous
avons déjà vu qu'une controverse de même nature est sou-
levée à propos de l'article 198. Quoi qu'il en soit, ces articles
contiennent bien une application du principe dont nous
poursuivons l'étude.

4º Dans le même ordre d'idées, on peut encore citer l'article 366, Inst. crim., qui ordonne la restitution, à leurs
propriétaires des objets volés.

5° On le voit, si le législateur n'a pas exprimé sous une forme abstraite et générale, ce principe de l'autorité au civil de la chose jugée au criminel, il en fait des applications spéciales qui ne peuvent laisser aucun doute. Il resterait encore à se demander si les hypothèses que nous venons d'indiquer, ne constituent que des exceptions au principe général, qui serait alors, l'indépendance absolue des deux juridictions. La généralité de la règle : le criminel tient le civil en état, suffirait déjà pour repousser cette argumentation. Mais les textes eux-mêmes viennent aussi nous donner un puissant appui. Le conseil d'État, dans un avis du 12 novembre 1806, a reconnu l'existence du principe général : l'autorité au civil de la chose jugée au criminel. Consulté sur le point de savoir si une Cour d'appel, saisie sur l'appel de la partie civile, seule, pouvait remettre en question les faits et les motifs qui avaient déterminé les premiers juges, il répondit par un avis duquel nous extrayons la phrase suivante :

« Comme le ferait un tribunal civil auquel on porterait la question de dommages-intérêts, la Cour *doit tenir pour constants* les faits et les motifs qui ont déterminé le chef du jugement relatif au délit, parce que ce jugement *ayant passé en force de chose jugée, a tous les droits d'une vérité incontestable.* »

Sans rechercher, pour le moment, si la Cour d'appel, saisie sur l'appel de la partie civile seule, doit vraiment s'abstenir d'apprécier à nouveau le fait, il nous suffira de remarquer que l'autorité de la chose jugée au criminel sur les intérêts civils se trouve affirmée, en tant que principe général, par ce même conseil d'État au sein duquel se sont élaborés nos Codes modernes.

Pour nous résumer, nous dirons que les conditions nouvelles dans lesquelles se posait la question des rapports du criminel et du civil, au point de vue de la chose jugée, devait nécessairement conduire le législateur à s'inspirer ici d'un principe nouveau. Ce principe a pour cause des considérations pratiques de la plus haute importance. Voilà pourquoi, d'après nous, tout système prenant uniquement pour base une idée purement juridique soulève des objections irréfutables. C'est ainsi que, à propos de l'autorité de la chose jugée, on a fait remarquer avec raison que, même en droit criminel, la chose jugée était relative à la partie condamnée ou acquittée : or, étendre au civil cette chose jugée, revient à en faire une vérité absolue, même opposable aux tiers, comme nous le verrons. Nous avons montré également comment l'idée d'incompétence des tribunaux civils n'allait pas sans les critiques les plus sérieuses. Nous terminons cette étude de principe en faisant remarquer que cette question et les difficultés spéciales qu'elle soulève, sont plutôt du domaine de la doctrine et de la jurisprudence. Le législateur à peut-être agi sagement en s'abstenant de formuler sur ce point une règle abstraite et générale. Les applications qu'il a faites sont suffisantes pour laisser voir une pensée sur l'existence de laquelle aucun doute n'est possible.

CHAPITRE TROISIÈME

DE LA LIMITATION DU PRINCIPE ET DE SON APPLICATION

Le juge civil ne peut pas contredire la chose jugée au criminel : quand donc y aura-t-il contradiction entre la chose jugée au civil et la chose jugée antérieurement au criminel ? Tout ce chapitre est contenu dans cette seule phrase. En général, le juge est libre d'apprécier les faits qui lui sont soumis, comme bon lui semble : L'autorité au civil de la chose jugée au criminel est donc une restriction à cette liberté. Il en résulte que nous sommes en matière exceptionnelle : nous dirons donc que toutes les fois qu'il y aura, entre la chose jugée au criminel, et la chose jugée au civil, conciliation possible, le juge civil n'aura pas violé ce principe qui s'impose toujours à lui.

Ces préliminaires posés, nous devons nous demander, en premier lieu, *quelles décisions s'imposent ainsi au juge civil*. La raison d'être de l'autorité au civil de la chose jugée au criminel oblige le juge civil à respecter tout *jugement rendu sur l'action publique*. C'est avec intention que nous nous exprimons ainsi ; nous ne disons pas, par exemple, que toute décision émanant d'une juridiction de répression lie le juge civil. Nous verrons dans la suite de ce travail qu'un juge de répression rend des décisions dépourvues de toute autorité au civil. Il importe même peu que le jugement rendu au criminel soit l'œuvre d'une juridiction appartenant au pouvoir judiciaire proprement dit, ou d'une juridiction administrative. L'organisation des pouvoirs publics n'a rien à faire ici : qu'il s'agisse d'une juridiction de droit commun, ou d'un tribunal d'exception, la chose jugée au criminel est une vérité que nul ne peut contredire. C'est du reste ce que la jurisprudence a reconnu, d'une manière absolue : la chose jugée sur l'action publique par un conseil de préfecture lie le juge civil : ainsi a-t-il été jugé par un arrêt de la Cour d'Angers du 26 mai 1864 (D. 1864, 2, 129). Il faudrait admettre la même décision pour les jugements des conseils de guerre ; même pour les décisions rendues par le Sénat constitué en haute cour de justice, conformément à l'article 12 de la troisième loi constitutionnelle.

La chose jugée au criminel par une juridiction de répression étrangère a-t-elle devant les tribunaux civils français l'autorité de la chose jugée ? Etant donné le principe sur lequel nous nous appuyons, la solution négative ne saurait être douteuse. Il est tout à fait inutile ici de faire appel aux principes du droit international ; de savoir si la chose jugée au criminel par les tribunaux étrangers a en France l'autorité de la chose jugée, ou non ; il s'agit uniquement d'une question d'ordre intérieure. La raison se révolte à la pensée que la justice civile pourrait donner un démenti à la justice répressive. Le législateur a toujours raisonné comme si la chose jugée au criminel était également jugée au civil. Quant à la chose jugée par les tribunaux étrangers, qu'elle constitue en France ou ne constitue pas un obstacle à de nouvelles poursuites, il importe peu : les tribunaux civils pourront toujours se mettre en contradiction avec elle. Il en serait autrement si tout jugement rendu sur l'action publique ayant en France l'autorité de la chose jugée

s'imposait par cela seul au juge civil. Il faudrait alors rechercher si le jugement invoqué devant un tribunal civil
français a en France l'autorité de la chose jugée. Mais nous
sommes en dehors de la théorie de la chose jugée : Il est
donc tout à fait inutile de chercher dans cette distinction la
solution de la question que nous examinons actuellement.
Du reste une telle hypothèse n'est pas de nature à se présenter souvent en pratique. La Cour de cassation a cependant été appelée une fois à se prononcer sur cette application toute spéciale de la théorie de l'autorité absolue de la
chose jugée au criminel. Il s'agissait d'une décision du jury
anglais, mais la Cour de cassation a pu statuer sans se prononcer sur la question de principe. (Voir D. 52, 5, 95).
Nous n'hésiterons pas cependant, quant à nous, à admettre
la négative.

Les décisions des juridictions d'instruction ont-elles la
puissance de lier le juge civil ? ou, en d'autres termes, les
juridictions d'instruction statuent-elles sur l'action publique ? Pour résoudre cette question, on est conduit à rechercher quelle est la nature et le but de ces juridictions.
Il faut d'abord écarter du débat les arrêts et ordonnances
de renvoi : l'affaire sur laquelle il a été ainsi statué par la
juridiction d'instruction, sera nécessairement et définitivement jugée par les jadirictions de jugement. L'ordonnance
de renvoi disparaît alors devant le jugement sur l'action
publique. Toute la discussion se limite ainsi sur les ordonnances de non-lieu. La jurisprudence, sur ce point, n'est pas
encore définitivement fixée. On avait d'abord distingué suivant le motif sur lequel reposait le non-lieu : avait-il pour
cause une insuffisance de preuve ? La chose jugée n'est
relative qu'aux preuves recueillies par l'instruction sur laquelle cette ordonnance a été rendue. Du caractère provi-

soire de la chose jugée par la juridiction d'instruction, on arrivait à dire que cette chose jugée était dépourvue de toute autorité au civil. Mais le non-lieu avait-il été admis parce que l'action publique était prescrite, ou par quelque autre fin de non recevoir, on concluait aussitôt du caractère définitif de la chose jugée à son influence au civil. Ce raisonnement avait surtout de l'intérêt en matière de prescription : l'action civile, nous l'avons déjà dit, est soumise à la prescription de l'action publique. Celle-ci étant prescrite, celle-là l'était aussi. Une ordonnance de non-lieu pouvait donc avoir pour effet de rendre irrecevable au civil l'action en réparation du dommage causé. S'il en est ainsi, les juridictions d'instruction jugent à proprement parler l'action publique : or, la question est là toute entière. Un jugement sur l'action publique est nécessairement une condamnation, un acquittement, ou une absolution. Il est de toute évidence qu'aucune de ces qualifications ne convient aux ordonnances ou aux arrêts de non-lieu. « Elles ne jugent rien, a-t-on dit avec raison, sinon qu'il y a lieu ou qu'il n'y a pas lieu à renvoyer devant les juridictions de jugement. » Et en effet, ces juridictions n'ont qu'un seul but : préparer l'affaire, en réunissant tous les éléments qui la constituent, puis examiner si l'accusation paraît fondée. Nous conclurons donc en disant que, de la nature de ces juridictions, il résulte que les ordonnances de non-lieu ne sauraient être distinguées des ordonnances de renvoi, au point de vue de leur influence au civil. Nous ferons ici la même remarque que pour les décisions des tribunaux de répression étrangers : il ne s'agit pas de savoir si la décision rendue a autorité de chose jugée, si cette autorité est provisoire ou définitive ; il s'agit uniquement de la nature et du but de la juridiction considérée.

Nous avons ainsi résolu *a contrario* la question de savoir quelles décisions judiciaires seront dépourvues d'autorité au civil. Mais il ne suffit pas de produire au civil un
jugement émanant d'une juridiction de répression, pour
que le juge soit immédiatement tenu de ne pas le contredire : il faut évidemment que ce jugement soit devenu définitif: sans irrévocabilité, plus d'obligation pour
le juge civil. Le demandeur qui invoque le jugement criminel au civil est alors contraint de faire sa preuve, conformément au droit commun. Notre question ne se pose
donc véritablement qu'à partir du moment où le jugement
devient définitif.

*Dans quelles limites faut-il alors restreindre cette au-
torité au civil de la chose jugée au criminel?* — Nous admettons sur ce point deux règles en dehors desquelles la
liberté du juge civil redevient entière :

1° Etendre au civil l'autorité de la chose jugée consiste à
faire de la chose jugée au criminel une vérité absolue.
Elle est absolue en ce sens qu'elle s'impose toujours et à
tous. Mais ce caractère de vérité absolue n'est pas exclusif
cependant d'une certaine relativité. Le juge de répression
statue, en effet, moins sur le fait que sur la culpabilité du
prévenu : c'est l'homme qui est jugé et non le fait. « On
ne saurait admettre, dit M. Griolet (1) et il n'a jamais été
ni jugé ni soutenu que la déclaration d'un jugement criminel sur l'existence d'un fait délictueux ait une autorité absolue, indépendante de la participation du prévenu à ce
fait, en sorte qu'elle fasse preuve au civil non seulement
que le fait délictueux n'a pas été commis, mais encore qu'il
n'a pas été commis par une autre personne, qu'il n'a pas

---

1. Extrait de la note insérée au *Dalloz* ; D., 1869, 1, 169.

existé. » Si donc une décision proclamant l'inexistence
d'un fait était invoquée au civil, nous dirions que le juge
civil peut reconnaître l'existence de ce fait, contre toute
autre personne que le prévenu acquitté. Réduite à cette
seule hypothèse, cette solution ne nous semble pas faire
de doute. Nous reconnaissons cependant qu'elle tend à refuser, d'une manière absolue, à un tribunal de répression
le pouvoir de juger *in rem*. On admet, cependant, en général, que la chose jugée en faveur de l'auteur principal
est aussi jugée en faveur du complice, alors même que le
complice n'aurait pas été partie dans l'instance (1). C'est
dire qu'il y a chose jugée *in rem*. Aborder une telle controverse nous ferait sortir de notre sujet. Il nous suffira de
rappeler que cette possibilité de juger *in rem* est vive-
ment contestée par M. Ortolan (2). Dans l'opinion soutenue
par cet auteur, le motif par lequel le juge de répression nie
l'existence même du fait, équivaut alors à celui par lequel
la participation du prévenu seule a été niée par le juge de
répression. Abstraction faite de ces considérations purement juridiques, l'autorité au civil de la chose jugée au
criminel est, comme nous l'avons déjà dit, matière d'exception : on doit donc donner au motif son *minimum* de
signification possible. Notre première règle limitative revient à dire, en dernière analyse : la chose jugée au criminel n'est susceptible de prouver au civil que la perpétration d'un fait par un individu dénommé, ou son abstention
par rapport à ce fait.

2° L'action ou l'inaction d'un individu par rapport à un
fait réduite à elle seule, n'est pas encore suffisante pour li-

1. *Sic.* Faustin-Hélie, *Inst. crim*, t. III, p. 571. Garraud, *Précis de D.
crim.*, 2ᵉ édit., p. 808.
2. Ortolan, *loc. cit.*, t. II, p. 311.

miter la liberté du juge civil. Il faut, en second lieu, que le fait dont il s'agit soit considéré, au civil, *en tant que délit*. Le juge civil, en effet, ne peut méconnaître ce qui a été jugé au criminel, seulement en tant qu'objet principal et direct de la décision. S'agit-il, au contraire, au civil, d'un élément du délit, considéré isolément du délit lui-même, la contradiction devient possible, parce que l'on ne se heurte plus à la décision principale, à la chose vraiment jugée par l'action publique.

Cette seconde règle limitative s'applique lorsqu'il s'agit au civil de la validité ou de la nullité d'un rapport de droit, alors que ce rapport de droit est un élément constitutif d'un délit antérieurement jugé. Le rapport de droit n'a pas fait l'objet principal et direct du débat au criminel ; il n'a été examiné que d'une manière sommaire, non pas en lui, mais seulement dans ses rapports avec l'action publique. Nous savons, en effet, que la justice criminelle et la justice civile ne sont pas séparées l'une de l'autre, comme le pouvoir judiciaire est séparé du pouvoir administratif : le juge de l'action est juge de l'exception. La justice répressive, hors le cas où il s'agit d'une question préjudicielle, pourra donc apprécier, au point de vue du jugement de l'action publique, les questions accessoires et incidentes de droit civil qui se posent devant elle. Une condamnation a été prononcée sous l'inculpation de bigamie : pourra-t-on contester au civil, postérieurement au jugement de condamnation, la validité du premier mariage ou la nullité du second, abstraction faite du vice, résultant pour ce second mariage, de l'existence d'un mariage antérieur non encore dissous au moment où il a été contracté ? Un individu a été condamné sous l'inculpation de parricide : sera-t-il admis à soutenir, postérieurement, au civil qu'il n'est pas le fils de sa victime ? La même difficulté peut aussi résulter d'un jugement d'acquittement : Mirès était administrateur de la Caisse générale des chemins de fer : cette société avait pour but de faire des avances sur titres au porteur. Ces titres, en réalité, étaient déposés en vertu d'un contrat de nantissement ; le prêteur n'avait donc pas le droit de les vendre. Mirès fit néanmoins vendre ces titres au porteur à un cours avantageux ; puis, en un jour de baisse, il simula une vente fictive de ces mêmes titres, réalisa un bénéfice considérable en enrichissant la caisse de la différence du prix fictif et du prix réel. La Cour de Paris avait prononcé contre lui un arrêt de condamnation pour escroqueries (arrêt du 29 août 1861. D. 1862, 1, 46). Cet arrêt fut cassé et la Cour de Douai eut à connaître de l'affaire sur renvoi de la Cour de cassation. La Cour de Douai décida que les titres n'avaient pas été remis en nantissement, que Mirès avait eu le pouvoir de les vendre, qu'il devenait indifférent de savoir l'époque précise où ces titres avaient été vendus et comment ils avaient été vendus ; qu'en tous cas, Mirès avait agi sans intention frauduleuse (arrêt du 21 avril 1862. D. 1862, 1, 305). Malgré cet arrêt, les emprunteurs actionnèrent Mirès en restitution de titres *in specie* : « Nous n'avons jamais entendu faire, disaient-ils, qu'un contrat de nantissement. Mirès n'a jamais eu le pouvoir de vendre nos titres, et nous sommes en droit de lui réclamer, non la valeur actuelle de nos titres ou des titres semblables, considérés en tant que choses fongibles, mais nos titres eux-mêmes, en nature. » La justice civile avait donc à rechercher quelle était la nature juridique du contrat intervenu entre la Caisse générale des chemins de fer et les déposants. Y avait-il chose jugée au criminel sur la nature du contrat ? La justice civile était alors obligée de respecter la chose jugée au criminel, et la prétention des demandeurs devenait inadmissible.

Au contraire, était-on en dehors de la théorie de l'autorité au civil de la chose jugée au criminel ? Il fallait reconnaître à Cour de Paris liberté entière pour apprécier quel était le contrat intervenu : elle pouvait donc dire qu'il y avait nantissement. La Cour de Paris avait admis le principe de l'autorité au civil de la chose jugée au criminel. Mais, sans contredire ce principe, elle l'avait rejeté en dehors de la discussion, en disant que la Cour de Douai avait donné pour base à son arrêt d'acquittement l'absence d'intention frauduleuse. Les énonciations contenues dans l'arrêt sur la nature du contrat ne faisaient, d'après l'interprétation de la Cour de Paris, que venir à l'appui de l'acquittement, sans en être la cause immédiate : ce n'était qu'un motif surabondant (arrêt du 22 janv. 1864. D. 64, 2, 25). Le principe de cet arrêt était contestable : la Cour de Douai niait avec la même force et l'existence du contrat de nantissement et l'intention frauduleuse. Il devenait donc impossible de choisir entre ces deux motifs, dont le dispositif était la conséquence immédiate. La Cour de cassation, sur le pourvoi de Mirès, eut à apprécier l'arrêt de la Cour de Paris :

« Attendu, dit la Cour de cassation, que si les décisions rendus au criminel sont souveraines, et si elles ont envers et contre tous l'autorité de la chose jugée, c'est en ce sens qu'il ne demeure permis à personne de remettre en question le fait qu'elles affirment ou qu'elles nient, non plus que le caractère délictueux ou non délictueux qu'elles ont donné à ce fait générateur de l'action publique ; mais que la juridiction civile, en même temps qu'elle est liée, non seulement par le dispositif de ces décisions, mais aussi par ceux de leurs motifs qui se réfèrent aux qualifications pénales, reste pleinement maîtresse d'apprécier, *sous leurs rapports purement civils les contrats se rattachant aux faits qui ont donné lieu à des poursuites correctionnelles ou criminelles*, et pouvant servir de base, à des actions civiles intéressant les tiers, non parties aux débats. » (Arrêt du 26 juillet 1865, D. 1865, 1, 492).

Nous avons tenu à rapporter ce motif, dans son intégralité, parce qu'il touche à tous les points discutables de cette délicate matière. La Cour de cassation, on le voit, rejette l'exception de chose jugée au criminel, lorsqu'il s'agit d'apprécier, *sous leurs rapports, purement civils, les contrats se rattachant aux faits*. Il y a donc, dans cet arrêt, une application certaine de cette règle que nous énoncions ainsi dans sa généralité : la chose jugée au criminel est sans autorité au civil lorsqu'il s'agit seulement d'un élément du délit, considéré isolément du délit lui-même. Mais, nous dira-t-on, il y aura bien alors contradiction entre la chose jugée au criminel et la chose jugée au civil. Or, le principe de l'autorité au civil de la chose jugée au criminel est destiné à empêcher toute contradiction. — C'est bien ici le lieu de faire remarquer que cette autorité de la chose jugée au criminel est exceptionnelle : elle doit être restreinte à son *minimum*. De plus, aucun texte ne défend, en termes exprès, au juge civil de contredire la chose jugée au criminel.

Dans tous les textes où nous avons vu le législateur faire application de ce principe, il s'agissait toujours du fait considéré en tant que délit (1). En restreignant ainsi

---

1. On pourrait, il est vrai, nous opposer l'article 198, C. c. Il est évident que cet article étend, au-delà de la règle limitative que nous venons de poser, l'autorité au civil de la chose jugée au criminel. Mais

cette autorité au civil de la chose jugée au criminel. nous ne nous mettons pas en contradiction avec la loi, et de plus nous sommes d'accord avec la nature exceptionnelle de cette théorie. L'ordre public et la nécessité sociale oblige le juge civil à tenir pour certain le fait affirmé ou nié par le juge de répression en tant que délit. Hors de ces limites, la nécessité sociale conduit aussi à permettre au juge de contredire la chose jugée au criminel.

Le juge civil est donc libre lorsqu'il s'agit d'un élément du délit considéré isolément du délit lui-même; mais inversement, il est obligé de respecter la chose jugée au criminel, dans tous ses éléments lorsqu'il s'agit du délit tout entier : c'est ainsi qu'une condamnation pour coups et blessures ayant entraîné une incapacité de travail de plus de vingt jours, oblige le juge civil de l'action civile, à arbitrer la réparation civile telle qu'elle résulte de ce délit. Le juge civil ne pourrait pas diminuer le nombre de jours ainsi fixé, parce qu'il s'agit, ici, d'un élément du délit, et du délit tout entier.

Après avoir établi notre principe et posé ses restrictions, il nous faut *l'appliquer* aux jugements de condamnation, d'acquittement, puis aux verdicts du jury.

1º Le cas le plus simple est celui où le juge civil doit tenir compte d'un jugement de condamnation. Aucune place n'est alors laissée à l'interprétation du juge ; nous verrons, au contraire, que l'interprétation des jugements d'acquittement par le juge civil fait naître des questions bien délicates. Condamner un prévenu ou un accusé, c'est affirmer que le fait ou a été commis avec intention crimi-

---

nous répondrons, avec M. Ortolan (*loc. cit.*, t. 2. p. 475), en disant que l'on doit considérer comme exceptionnelle l'application que fait l'article 198 de cette théorie.

nelle par ce prévenu ou cet accusé. Si donc, au civil, on
vient réclamer l'application de la loi civile contre l'auteur
de ce fait ou contre ses ayant-cause, le juge devra tenir
ces faits pour prouvés ; il n'aura plus qu'à rechercher, s'il
s'agit de l'action civile en réparation du dommage causé,
par exemple, quel préjudice a été éprouvé par le demandeur, et à arbitrer le *quantum* des dommages-intérêts ré-
clamés.

Ici se place la question de savoir si le juge civil doit respecter la qualification légale du fait. Le juge de répression,
pour qualifier un fait, ne doit-il pas l'examiner par rapport
à toutes les lois pénales, et lui restituer sa vraie qualification, si elle a été méconnue par l'accusation ? Comment
permettre alors au juge civil de réviser sur ce point la
chose jugée au criminel ? Le juge de répression a décidé,
par exemple, que le fait constituait un vol ; on soutient au
civil qu'il constitue un abus de confiance. Rappelons que
la revendication des meubles n'est permise par l'article 2279, C. c., que dans le cas de perte de la chose, ou
dans le cas de vol : on voit immédiatement tout l'intérêt
que peut avoir le défendeur au civil à se soustraire à la
théorie de l'autorité absolue de la chose jugée au criminel.
Nous renvoyons l'examen de cet hypothèse au chapitre
quatrième, où nous traitons de l'opposabilité aux tiers de
la chose jugée au criminel, relativement à son influence au
civil. Mais en supposant, pour le moment, cette opposabilité admise, nous ferons remarquer qu'il s'agit, au civil,
non de l'action civile en réparation du dommage causé,
mais *de l'action en revendication* d'une chose mobilière.
Il était donc intéressant de constater, comme nous l'avons
déjà fait, le caractère absolu de la théorie que nous étudions. Elle s'applique toujours, quelle que soit l'action sou-

mise à la juridiction civile; et non pas seulement lorsqu'il s'agit de l'action en réparation du dommage causé.

2° *Des jugements d'acquittement.* — Le prévenu a été acquitté ou absous : le dispositif du jugement de répression, réduit à lui seul, ne nous apprend rien sur la chose jugée au criminel : le fait n'était-il pas prévu par la loi pénale? Le prévenu n'a-t-il pas participé au fait? En est-il véritablement l'auteur? L'absence de toute intention criminelle est-elle seulement la raison d'être du dispositif? Si, au cas de condamnation, la chose jugée était simple et certaine ; au cas d'acquittement, tout devient complexe et incertain.

Et d'abord les jugements d'acquittement ont-ils bien au civil autorité de chose jugée? Un auteur l'a contesté. Dans un remarquable article, M. Lagrange (1) soutient que cette nécessité légale de concordance logique entre la chose jugée au criminel et la chose jugée au civil n'a été admise, par le législateur, que pour les jugements de condamnation. Les jugements d'acquittement au contraire ne pourraient jamais limiter la liberté du juge civil. M. Lagrange examine successivement les différentes hypothèses à propos desquels le législateur a étendu au civil l'autorité de la chose jugée au criminel : pour lui, le législateur a toujours supposé qu'il s'agissait au civil d'un jugement de condamnation. Reprenons donc rapidement ces différents textes et nous verrons combien est peu fondée la distinction proposée par M. Lagrange.

L'article 235 C. c. ne permet pas à l'époux défendeur au civil, dans une instance en divorce, d'opposer au demandeur le jugement d'acquittement lorsqu'à propos du même

1. *Revue critique*, 1856, t. 8, p. 31.

fait une poursuite criminelle a été dirigée contre lui. Avec
ce texte, M. Lagrange paraît, à première vue, avoir gagné
sa cause. Mais nous avons expliqué la genèse de cet article ; les travaux préparatoires ne laissent aucun doute :
l'acquittement ne prouve pas *de plano* que la demande en
divorce ne soit pas fondée : voilà tout ce que dit l'article. Il
laisse au contraire place à l'interprétation du juge civil,
interprétation sans laquelle la chose jugée au criminel deviendrait incompréhensible au civil. Cet article, il est vrai,
distingue entre les jugements de condamnation et les jugements d'acquittement ; mais cette distinction n'est pas
exclusive, pour les jugements d'acquittement, de toute
autorité au civil.

En second lieu, M. Lagrange s'appuie sur l'article 366
Inst. crim. La loi reconnaît, dans cet article, la coexistence
possible d'un acquittement sur l'action publique et d'une
condamnation sur l'action civile à propos du même fait.
D'où cette conséquence pour M. Lagrange : le juge civil
n'a jamais à tenir compte d'un jugement d'acquittement.
Cette observation serait exacte si l'acquittement était, dans
tous les cas, inconciliable avec une condamnation sur l'action civile. Or, nous verrons, à propos des verdicts du
jury, que la conciliation entre un jugement de condamnation sur l'action civile et un verdict d'acquittement, peut
toujours se concevoir. Cette concordance légale que l'on
désigne, en doctrine, sous le nom d'autorité au civil de
chose jugée au criminel, est donc possible. Ainsi, loin de
refuser en principe, toute autorité au jugement d'acquittement par rapport au civil, le législateur a fait, dans cet
article, une juste et saine application de cette théorie.
L'objection de M. Lagrange n'est donc pas de nature à
nous arrêter. Ce même auteur invoque encore à l'appui de

sa thèse l'article 202 Inst. crim. Cet article reconnaît, à la
partie civile, le droit d'en appeler, même au cas d'acquiescement du ministère public sur un jugement d'acquittement. « Rien n'est plus décisif, dit M. Lagrange, c'est reconnaître l'indépendance des deux actions dans un cas où
cependant la partie civile a été entendue devant les juges
de l'action publique. » Doit-on étendre ici le principe de
l'autorité absolue de la chose jugée sur l'action publique ?
Nous réservons l'examen de ce point, qui fera l'objet d'une
dissertation spéciale. Mais alors même que le juge d'appel
pourrait, dans cette hypothèse, contredire la chose définitivement jugée sur l'action publique, serait-on en droit de
voir, dans ce cas tout particulier, la négation même du
principe dont nous soutenons l'existence ? Évidemment
non.

M. Lagrange en arrive alors au texte qui, pour nous,
est capital, en cette matière, à l'article 3 Inst. crim. Si la
chose jugée sur l'action publique, même au cas d'acquittement, est un titre irréfragable au civil, l'article qui permet de séparer l'action civile de l'action publique, devient *un leurre*, dit ce même auteur. M. Lagrange rai-
sonne, à vrai dire, comme nos anciens jurisconsultes.
Mais l'acquittement au criminel n'entraîne plus, comme
dans notre ancien droit, extinction de l'action civile
stricto sensu ; et le sursis de l'article 3 a toujours sa raison d'être, quelle qu'ait été l'issue du procès criminel.
Pour rendre un compte exact de la pensée du législateur,
il faut admettre précisément, comme nous le disions à
propos de l'article 366 Inst. crim., la coexistence possible, sans contradiction nécessaire, d'un acquittement
au criminel et d'une condamnation au civil.

Ces articles s'inspirent donc tous d'une même idée ; et

la distinction entre les jugements de condamnation et les jugements d'acquittement n'est pas, malgré l'opinion de M. Lagrange, le pivot de toute cette théorie. Le principe est général : il enveloppe toutes les actions civiles qui naissent du même fait, il s'étend à tous les jugements intervenus sur l'action publique. C'est là ce que la Cour de cassation a reconnu dans un arrêt du 7 mars 1855, qui peut être considéré comme un arrêt de principe, en cette matière :

« Attendu que la déclaration de culpabilité du prévenu devenant ainsi, pour l'action civile poursuivie ensuite, un titre irréfragable, qui ne permet pas au condamné de contester le fait ; il faut *par une juste et nécessaire réciprocité*, que l'affirmation de l'innocence absolue du prévenu par la justice répressive soit aussi pour lui un titre irréfragable contre les prétentions contraires de la partie civile » (Cass. 7 mars 1855 ; D. 1855. 1. 81).

Si nous descendons maintenant de la question de principe à son application, nous allons nous heurter relativement aux jugements d'acquittement à une nouvelle difficulté. Lorsqu'il s'agissait au civil d'un jugement de condamnation, le juge civil n'avait qu'à consulter le dispositif du jugement émanant du tribunal de répression. En cas d'acquittement, au contraire, la lecture du dispositif devient tout à fait insuffisante : il faut nécessairement demander aux motifs le secret de la chose jugée sur l'action publique. Eux seuls peuvent et doivent déterminer la raison d'être de cet acquittement. Mais alors ne va-t-on pas étendre aux motifs une autorité qui n'appartient qu'au dispositif ? On a en effet longtemps enseigné en France que l'autorité de la chose jugée se limitait strictement au

dispositif. Il est certain que toutes les parties du jugement n'ont pas l'autorité de la chose jugée : « *Nec vox
omnis judicis, judicati continet auctoritatem*, disait Dio-
clétien dans la loi 7. C. 7-15, et cette affirmation, tirée de
la nature même des motifs, n'a pas cessé d'être vraie.
Mais, remarquons-le bien, si le refus de l'extension aux
motifs de l'autorité propre au dispositif est vraie en thèse
générale, il est impossible d'élever ce refus à la hauteur
d'un principe absolu. Cette participation des motifs à l'autorité de la chose jugée n'est pas sans partisan. Bœhmer
(*Jus. eccles. proleg.* livre III, t. 27, § 5) distingue les motifs qui sont comme l'âme et le nerf de la sentence, *anima
et quasi nervus sententiæ*, pour leur reconnaître la même
autorité qu'à la sentence elle-même ; Savigny (*Cours de
D. R. t. 6, p. 395*) cherchant à déterminer quels motifs
sont couverts par cette autorité, a donné à la distinction
de Bœhmer une forme empruntée à la métaphysique de
Kant : il distingue les motifs en motifs objectifs et motifs
subjectifs. Il est en effet des motifs qui font, à vrai dire,
partie du dispositif : la pensée du juge a été exprimée
sous forme de motifs, mais, en réalité, l'idée ainsi exprimée n'est qu'une portion séparée du dispositif. D'autres
motifs, au contraire, ne sont que des appréciations personnelles du juge : on pourrait les retrancher sans diminuer la chose jugée elle-même. Nous conclurons donc
en disant que l'autorité, attachée par la loi à la chose
jugée, couvre cette chose jugée, mais la couvre toute entière. Distinguer les motifs objectifs des motifs simplement subjectifs appartient à l'interprétation du juge. Aucune impossibilité juridique n'empêche donc le juge civil,
devant lequel on invoque un jugement d'acquittement,

d'interroger les motifs pour y trouver le complément nécessaire du dispositif (1).

Le juge civil se trouve investi, en cette matière, d'un pouvoir d'appréciation. De là toutes les difficultés qu'entraîne l'application du principe, aux jugements d'acquittement. Conformément aux développements qui précèdent, tout motif qu'on ne pourrait retrancher sans diminuer la chose jugée elle-même, s'imposera au juge civil. On a dit, sous une autre forme, que le motif, pour avoir cette puissance de lier le juge civil, devait être *dans un rapport immédiat et nécessaire* avec le but de l'action publique. Le fait a-t-il été commis par le prévenu, et commis par lui avec intention criminelle ? Telles sont les questions posées devant le juge de répression, saisi de l'action publique ; tel est aussi le but de l'action publique. Tout motif qui n'aura pas pour objet la matérialité du fait ou la criminalité de l'agent, sera un motif subjectif, pour employer l'expression de M. de Savigny. Le juge civil pourra donc l'écarter du débat, sans que le principe de l'influence au civil de la chose jugée au criminel soit atteint.

Nous allons examiner successivement, dans leur application au civil, les jugements d'absolution, et les jugements d'acquittement, en distinguant, parmi ces derniers, ceux qui nient la matérialité du fait, ou, pour rester logique avec nous-même, la participation de l'agent à l'exécution du fait ; et ceux qui nient seulement l'élément intentionnel ou moral du délit.

A. — *Jugements d'absolution.*

Le prévenu a été acquitté parce que le fait ne tombe

1. *Sic.* Cassation, arrêt du 26 juillet 1865. D. 65. 1. 492. — *Contrà :* Villey, *Précis de droit pénal*, p. 463.

sous le coup d'aucune loi pénale. Un tel jugement ne
contient pas la preuve de la perpétration du fait par le
prévenu absous. En effet, avant même de rechercher si
le fait est prouvé, le juge doit se demander si le fait, dont
le ministère public demande la répression, pourrait avoir,
en le supposant établi, un caractère pénal. Une telle décision est donc dépourvu d'autorité au civil. En est-il de
même lorsque l'action publique est déclarée prescrite?
Une telle décision contient implicitement ou explicite-
ment la qualification légale du fait : le fait était bien
prévu par la loi, puisque l'action publique née du délit est
éteinte par la prescription. Le juge civil, nous l'avons déjà
dit, est tenu de respecter la qualification légale du fait.
Ce n'est pas là le seul effet que puisse produire au civil la
chose jugée au criminel, aux termes de laquelle l'action
publique est déclarée prescrite : L'action civile est soumise à la prescription même de l'action publique : l'une
étant prescrite, l'autre l'est aussi. Un tel jugement a
donc pour effet d'entraîner *de plano* extinction de l'action civile. C'est à dessein que nous employons le mot
extinction : Du caractère d'ordre public de la prescription
de l'action publique, il résulte, en effet, que toute convention aux termes de laquelle le défendeur à l'action civile
s'engagerait vis-à-vis du demandeur à renoncer à ce
moyen, serait nulle ; le juge civil est tenu au respect de
la chose jugée au criminel, même d'office.

Quelle force faut-il reconnaître, au civil, au jugement
déclarant qu'un fait est couvert par une loi d'amnistie ?
Nous dirons, ici encore, que ce jugement laisse entière,
en principe, la liberté du juge civil : mais, pour déclarer
qu'un fait est protégé par une amnistie, il faut nécessairement reconnaître au fait une des qualifications prévues

par la loi d'amnistie. Dans cette seule mesure doit être alors restreinte, au civil, l'autorité de la chose jugée.

B. — *Jugements d'acquittement ayant pour cause la négation de l'élément matériel du délit.*

Nous nous sommes déjà expliqué sur une hypothèse qui trouverait ici sa place naturelle. L'acquittement repose sur un motif aux termes duquel l'existence même du fait est déniée par le juge de répression. Une instance de répression suppose toujours un fait, mais toute appréciation concernant ce fait s'applique au fait en tant qu'accompli par le prévenu. Nous en arrivons ainsi à l'hypothèse où l'acquittement a pour cause l'abstention du prévenu par rapport à ce fait. Il est certain que, dans ce cas, la chose jugée au criminel est aussi jugée au civil : l'action civile ne pourra pas être intentée contre le prévenu acquitté, parce que le prévenu n'est pas l'auteur du fait. Ce n'est pas dire que l'action civile soit éteinte. Elle sera valablement exercée contre toute personne autre que le prévenu; mais alors, il ne pourra plus être question de la chose jugée au criminel. Tel est l'hypothèse à propos de laquelle la Cour de cassation a affirmé dans son arrêt du 7 mars 1855, le principe de cet'e théorie. On discutait alors sur le point de savoir si un jugement d'acquittement pouvait avoir autorité au civil. La Cour de cassation a répondu par un motif qui mérite d'être rapporté : « L'action civile ne conserve son indépendance vis-à-vis du prévenu acquitté que dans les cas où la déclaration de non-culpabilité n'exclut pas nécessairement l'idée d'un fait dont le prévenu ait à répondre devant la partie civile, en telle sorte que la recherche ou la preuve de ce fait ne puisse aboutir à aucune contradiction entre ce qui a été jugé au criminel et ce qui serait ensuite jugé au civil. » Lors donc qu'un juge-

ment est intervenu déclarant que le prévenu est absolument étranger au fait, le jugement produit au civil un
effet absolu, parce que, dans ce cas, aucune conséquence
civile ne peut être tiré du fait contre le prévenu. Il y a
une réciprocité parfaite entre les jugements de condamnation et les jugements d'acquittement dont nous parlons
en ce moment. Le premier établit d'une manière absolue,
que le prévenu est l'auteur du fait ; le second établit avec
la même force qu'il n'en est pas l'auteur.

Il arrive souvent en pratique que l'acquittement est ainsi
motivé, attendu que le fait n'est pas prouvé (1). Quelle
conséquence peut avoir au civil un tel motif ? Nous com-
mencerons d'abord par écarter l'opinion absolue qui consiste à interdire désormais aux tribunaux civils toute décision aux termes de laquelle le fait serait déclaré suffisamment prouvé. Nous avons admis sans restriction que toute
constatation portant sur le fait, n'avait de valeur que par
rapport au prévenu. Nous dirons donc que, s'il est établi,
d'une manière absolue par rapport au prévenu, que le fait
n'est pas prouvé ; contre toute autre personne, un tribunal
civil, pourra toujours admettre le contraire. Dans ces termes, aucune contradiction n'existe entre la chose jugée au
criminel et la chose jugée au civil. La jurisprudence avait
d'abord admis l'opinion absolue qui ne permet plus de déclarer au civil le fait prouvé. M. Mangin a le premier réa-
git contre cette jurisprudence : « Entre une déclaration
portant que le fait n'est pas vrai, et une déclaration portant
que le fait n'est pas constant, c'est-à-dire qu'il n'est pas
prouvé, la distance est immense, car cette décision n'exclut
nullement l'existence du fait. Elle le laisse incertain en pro-

1. Mangin, loc. cit., n° 427.

clamant que les pièces produites ont été trouvées insuffisantes. » Cette doctrine que nous acceptons en principe, en y introduisant toutefois la restriction ci-dessus indiquée, a été admise par la cour d'Orléans par un arrêt du 15 avril 1864 (D. 1864, 2, 94). On peut citer encore dans le même sens un arrêt plus récent de la Cour de Besançon du 19 mai 1882 (D. 1882, 2, 245). La Cour de cassation a condamné ces distinctions et décide que des probabilités insuffisantes pour asseoir une condamnation pénale, sont aussi insuffisantes pour asseoir une condamnation civile (V. D. 64, 1, 420).

Avant d'abandonner les jugements qui prononcent l'acquittement du prévenu, en niant la matérialité du délit, nous examinerons la difficulté spéciale que fait naître l'acquittement d'un homicide par imprudence. La matérialité du délit consiste uniquement dans un fait d'imprudence. Si le juge de répression a déclaré qu'aucune imprudence constitutive du délit n'avait été commise, il est évident que ce juge n'a entendu nier que le délit pénal. Le juge civil pourra trouver, sans contredire la chose jugée au criminel, une faute civile, conformément à l'article 1382 C. c. Mais que penser de la décision par laquelle le prévenu est considéré comme n'ayant commis aucune imprudence ? Le juge de répression n'est saisi que du délit : il n'a donc pas à spécifier l'objet de ses constatations ; elles n'ont et ne peuvent avoir pour objet que le fait en tant que délit. La négation de toute imprudence ne peut s'entendre que de l'imprudence pénale, et non de l'imprudence civile. Sans entrer dans une plus longue discussion nous croyons donc que le principe de l'action civile subsiste, en thèse générale, lors même qu'il s'agit d'un délit d'imprudence, à l'acquittement

antérieurement prononcé.Telle est du reste la jurisprudence (1). Mais la même solution ne devrait pas être admise si
le juge de répression avait donné pour raison d'être à son
acquittement l'abstention du prévenu au fait ayant entraîné
la mort. Ces deux hypothèses ne doivent pas être confon-
dues, au point de vue de la survivance de l'action civile au
jugement d'acquittement contre le prévenu.

C. — *Jugements d'acquittement ayant pour cause la
négation de l'élément intentionnel du délit.*

Le juge de répression a reconnu la participation du prévenu au fait incriminé : mais le délit suppose aussi l'intention criminelle. Cette intention criminelle ne doit pas être
confondue avec la *volonté* sans laquelle aucune responsabilité civile ou pénale ne saurait exister. Si l'acquittement
a pour cause l'absence de toute volonté chez l'agent, le principe de l'action civile disparaît. Pour engager sa responsabilité au point de vue civil, la faute la plus légère suffit ;
mais une faute est toujours nécessaire. L'intention criminelle n'est susceptible de produire, par elle-même, aucune
conséquence civile : aussi les tribunaux de répression sont-
ils seuls appelés à rechercher l'existence de cette intention
criminelle. Mais, ce que nous devons retenir, au point de
vue qui nous occupe, c'est que, toute affirmation constatant
l'existence de cette intention criminelle, contient virtuelle-
ment celle d'une volonté libre : l'intention criminelle n'est,
à vrai dire, que la volontée augmentée d'un élément nouveau. Il résulte de là, qu'en principe, un acquittement reposant sur la négation de l'intention criminelle n'est pas
exclusif de toute responsabilité civile. Mais il arrivera souvent que l'acquittement aura pour cause, plutôt la négation

1. Voir D. 79, 1, 475 ; 82, 2, 151 ; 87, 1, 265.

de la volonté que celle de l'intention criminelle. Il est évident alors que l'irresponsabilité pénale entraîne l'irresponsabilité civile. Tout revient donc à rechercher ici quelles décisions sont exclusives de la volonté, quelles décisions sont seulement exclusives de l'intention criminelle.

« Il n'y a ni crime ni délit lorsque le prévenu était en état de démence au temps de l'action, dit l'article 64 C. p., ou lorsqu'il a été contraint par une force à laquelle il n'a pu résister. »

Cet article prévoit deux cas dans lesquelles la volonté de l'agent n'existe plus. Il est évident qu'aucune faute, civile ou pénale, ne peut être imputée à celui qui est en démence. Lors donc qu'un acquittement aura été prononcé pour cette raison, le juge civil sera lié par la chose jugée au criminel : aucune réparation civile ne pourra être allouée. Mais il demeure bien entendu que la démence, dont le juge civil ne peut plus nier l'existence, ne doit s'entendre que de la démence au temps de l'action, c'est-à-dire du délit soumis à l'appréciation du juge de répression. Hors de là, la liberté du juge civil redevient entière. L'article 64 parle, en second lieu, de la contrainte, et lui fait produire des effets au point de vue pénal, identiques à ceux de la démence. La contrainte peut être physique ou morale. Dans le premier cas, on ne peut reprocher aucune faute à celui qui n'a été qu'un instrument matériel mis en mouvement par une force supérieure et étrangère à lui, sur laquelle il ne pouvait exercer aucune impulsion. La volonté est donc supprimée toute entière dans l'agent. Faut-il en dire autant de la contrainte morale ? « *Coactus volui, sed volui,* » disait le philosophe stoïcien, pour montrer que la contrainte morale laissait subsister la volonté ; et il est vrai de dire que si la volonté a été amoindrie, elle n'a pas été anéantie.

Dans son précis de droit criminel, M. Garraud, (1)
s'exprime ainsi sur ce point : « la contrainte ne donne
pas le droit de faire l'acte ; il peut subsister, malgré la
contrainte, *une certaine responsabilité* à la charge de l'a-
gent. » Nous n'admettons pas cette solution. L'acquittement a pour cause, au cas de contrainte, comme au cas
de démence, l'absence d'une volonté libre, et non l'absence de l'intention criminelle seule. On peut bien dire,
il est vrai : *coactus volui, sed volui* ; mais cette volonté
est plus apparente que réelle, car elle n'est pas libre. Nous
étudions la contrainte morale dans ses rapports avec le
droit ; nous sommes donc dans le domaine des faits, et
non dans celui de la psychologie pure ; alors même que,
dans cette hypothèse, l'analyse psychologique conduirait
à affirmer l'existence d'une volonté, cette volonté, qui
peut engendrer une responsabilité morale, ne nous paraît pas suffisante pour engendrer une responsabilité civile. Si un dommage a été causé à un tiers par l'acte dont
il s'agit, ce tiers aura sans peine une action contre l'auteur de la contrainte morale, mais non contre l'auteur
même de l'acte. Nous sommes donc portés, dans cette
hypothèse, à reconnaître à la chose jugée au criminel,
influence au civil, en ce sens que le principe même de
l'action civile est anéantie.

L'ivresse n'est pas, par elle-même, exclusive de toute
responsabilité pénale. Cependant le juge de répression
a pu acquitter celui qui, étant ivre, a commis un délit.
Mais il a affirmé expressément alors l'absence de toute
volonté. Les motifs du jugement seront donc suffisants,
dans cette hypothèse, pour empêcher toute équivoque.

---

1. Garraud, *loc. cit.*, p. 214.

Quelles conséquences civiles faut-il reconnaître à l'acquittement d'un mineur de seize ans, comme ayant agi sans
discernement ? Aucune difficulté en effet ne peut se présenter lorsque le mineur aura été acquitté pour démence
ou pour contrainte. Il est alors sans intérêt de savoir si le
prévenu acquitté était majeur ou mineur au point de vue
pénal. De ce que le mineur a été acquitté comme ayant
agi sans discernement, il résulte d'abord qu'il est bien
l'auteur de l'acte ; il résulte, en second lieu, que l'intelli-
gence de ce mineur, au moment où l'acte a été commis,
n'était pas assez développée pour qu'on pût lui imputer
pénalement cet acte. De ce que l'élément intentionnel du
délit pénal fait défaut, est-on obligé de dire qu'il n'existe
même pas de délit civil ou de quasi-délit ? Assurément non.
Tout revient alors à savoir si un mineur de seize ans peut
s'obliger par un délit ? L'article 1310 C. c. répond à cette
question : le mineur de seize ans n'est point restituable
contre son délit ou son quasi-délit. » Ainsi, la responsabilité civile du mineur acquitté comme ayant agi sans discernement laisse exister s'il y a lieu, l'action en réparation du dommage causé. Il a été ainsi jugé par la Cour de
Bordeaux, le 31 mars 1852 (D. 54. 5. 113.)

La question vraiment controversée de notre matière
consiste à savoir si l'acquittement pour légitime défense
ne supprime pas toute responsabilité civile. La jurisprudence et la doctrine sont aujourd'hui en désaccord sur ce
point. Le raisonnement, duquel la Cour de cassation ne
s'est jamais départi, est très simple. Celui qui est en état
de légitime défense use d'un droit. Or la responsabilité
civile suppose toujours un acte illicite. L'exercice d'un
droit supprime donc toujours la responsabilité civile. La
Chambre des requêtes a résumé très succinctement sa

11

doctrine dans un arrêt de 1886 (D. 86. 1. 438). « Attendu
en droit, dit-elle, que la défense de soi-même ou des autres, étant autorisée par la loi positive comme par la loi
naturelle, ne fait pas seulement disparaître la criminalité
pénale, qu'elle exclut également toute faute, et ne permet pas à celui qui l'a rendue nécessaire par son aggres-
sion de demander des dommages-intérêts. »

Quelqu'irréprochable que soit, dans sa simplicité, le
motif sur lequel la Cour de cassation appuie sa solution,
la majorité des auteurs reconnaît, dans certains cas seulement, le droit pour la partie lésée, d'exiger la réparation du dommage causé par celui qui s'est légitimement
défendu. En principe, l'accord est a peu près unanime,
aucune faute civile ne peut se concevoir, puisqu'il s'agit
de l'exercice d'un droit. « Il n'en est autrement, dit M.
Ortolan, (1) que si les conditions et les limites qui font la lé-
gitimité de la défense ne sont pas réunies ou si les limites
de cette défense ont été dépassées. » Dans quels termes
va donc se poser la question au civil? Y avait-il vraiment
en droit, légitime défense, va se demander le juge civil?
Si oui, pas de dommages-intérêts possibles ; si non, le
principe à la réparation existe. Il nous paraît impossible
d'accorder au juge civil un tel pouvoir.

Les conditions de la légitime défense sont strictement
déterminées par la loi: hors de là, il n'y a plus légitime défense. L'argumentation de M. Ortolan revient à dire qu'à côté de la légitime défense légale, il existerait une légitime
défense utile, dans le sens tout à fait romain du mot. Une
telle théorie ne peut supporter un seul instant l'épreuve

1. Ortolan, *loc. cit,,* t. I, n° 430. Voir aussi F. Hélie, t. 9, p. 290.
Griolet: *Aut. de la chose jugée*, 355. — *Contrà*, Mangin, t. 2, 433.

de l'analyse. Les pouvoirs du juge sont limités par la loi:
toutes les fois que le juge de répression aura reconnu le
fait légitime, par application de l'article 328 C. p., il est
présumé avoir fait de cet article une saine application :
toute la théorie de la chose jugée n'a-t-elle pas pour base
cet adage : *res judicata pro veritate habetur*? Cette décision s'impose au civil comme la vérité même. Personne
ne sera plus admis à dire que le prévenu acquitté n'était
pas en état de légitime défense, telle que la loi la conçue.
On peut dire, en dernière analyse, que l'opinion soutenue
par M. Ortolan repose, en réalité, sur une confusion qu'il
est facile de découvrir. Le juge devant lequel on invoque
la légitime défense doit se demander, en premier lieu, si
cette légitime défense existe bien. Les éléments essen-
tiels sans lesquels la légitime défense n'est pas, ne sont-
ils pas réunis? le délit existe, une condamnation s'impose,
mais les faits qui n'ont pas pu constituer la légitime défense, sont peut-être suffisants pour faire admettre l'excuse atténuante de provocation (321 et suiv. C. p). Le rai
sonnement de M. Ortolan ne revient à rien moins que de
permettre au juge civil de dire : le juge de répression a
bien admis la légitime défense ; mais, s'il avait compris
le système de la loi, il aurait vu qu'il ne pouvait être
question de légitime défense. Il fallait prononcer, non
un acquittement, mais une condamnation, en faisant bé-
néficier toutefois le prévenu de l'excuse de provocation.
Avec une sentence criminelle ainsi reconstruite, le principe de la responsabilité civile apparaît clairement ; il est
évident qu'un tel raisonnement, au lieu de respecter la
chose jugée, repose au contraire sur la négation du principe que nous nous sommes efforcés d'établir.

Un dernier argument est invoqué par ceux dont nous

combattons l'opinion. Le Code pénal de 1791 (2ᵉ p , t. II.
S. 1, art. 5) disait que l'homicide commis en état de légitime défense ne constitue pas un crime, qu'il n'y a lieu de
prononcer aucune peine, *ni même aucune condamnation
civile*. Or, ces mots ont disparu de notre article 328. N'en
résulte-t-il pas que l'attention du législateur a été attirée
sur notre question et qu'il a reconnu la possibilité d'une
faute civile accompli par celui-là même qui était en état
de légitime défense? Cet argument n'est pas sérieux, en
ce sens qu'on peut, sans difficulté, le faire tourner à l'appui de notre opinion. Le législateur de 1791 avait admis
la théorie que nous soutenons. Le rédacteur du Code-pé-
nal, sans abandonner le système antérieurement admis, a
voulu débarrasser l'article 328 de toute considération
étrangère. Le Code pénal n'a qu'un but : définir les délits
et déterminer les peines. Rechercher les conséquences
civiles de la légitime défense était donc sortir des limites
dans lesquelles on devait nécessairement s'enfermer. Loin
de contredire notre opinion, nous y trouvons donc là un
appui nouveau. Du reste, en l'absence de disposition lé-
gislative prévoyant spécialement notre hypothèse, la question doit être résolue bien plutôt avec les principes qu'a-
vec des textes anciens.

3º *Des verdicts du jury.*

Nous devons rechercher, en dernier lieu, quelle peut
être au civil l'influence des verdicts du jury. Il est tout
d'abord nécessaire de distinguer les verdicts affirmatifs
et les verdicts négatifs. Quant à l'influence au civil des verdicts de condamnation, nous n'avons qu'à nous référer à
ce que nous avons déjà dit des jugements. Une condamnation établit toujours avec une certitude absolue que le
prévenu ou l'accusé est l'auteur du fait. Le juge civil n'a

donc plus qu'à déterminer les conséquences civiles de ce
fait.

Les verdicts d'acquittement, au contraire, demandent
une étude spéciale. Il faut d'abord se fixer sur la signification exacte du verdict négatif : le juge civil n'est, en
effet, tenu qu'à ne pas contredire la chose jugée. Quelle
est donc cette chose jugée ? Lorsqu'on opposait au civil
un jugement d'acquittement, nous avons déjà dit que le
juge civil, pour respecter la chose jugée au criminel,
était contraint d'examiner les motifs du jugement. Le verdict se distingue du jugement par l'absence obligatoire de
tout motif. Une seule question est posée au jury : l'accusé
est-il coupable ? et le jury répond simplement oui ou non.
L'absence de culpabilité peut s'expliquer diversement :
tout crime suppose, en effet, la réunion des trois éléments, matériel, légal et intentionnel. Est-ce l'élément
matériel qui fait défaut ? l'accusé est reconnu n'avoir pas
participé à l'exécution du fait : le verdict négatif suppri-
merait alors, si tel était son étendue, aussi bien la responsabilité pénale que la responsabilité civile. On pourrait
encore interpréter le verdict négatif en disant que le jury
a prononcé un acquittement parce que le fait lui a paru
n'être pas le crime dont on prétendait faire peser la responsabilité sur la tête de l'accusé (1). Il se pourrait alors
que l'accusé soit bien l'auteur du fait réduit aux simples
proportions d'un délit civil. Enfin, le jury n'a pu nier
qu'une seule chose, l'intention criminelle de l'agent, sans
nier sa participation au fait.

1. Nous n'ignorons pas qu'en droit, il appartient à la Cour, et non au
jury, d'examiner si le fait présente bien tous les éléments de l'incrimina-
tion spéciale dont il est l'objet. Mais qui pourrait dire que le jury ne s'est
pas inspiré de cette idée pour prononcer son acquittement ? Nous ne faisons qu'une simple hypothèse.

On voit donc que suivant l'interprétation que l'on ferait du verdict négatif, on arriverait tantôt à supprimer le principe de la responsabilité civile, tantôt, au contraire, à maintenir ce principe intact, malgré le verdict négatif. Mais cette interprétation est-elle possible ? Le verdict est, en réalité, une énigme impénétrable, même pour les jurés qui l'ont rendu, puisque chacun d'eux sait bien le motif qui lui a dicté sa décision, mais chacun d'eux ignore aussi quel est le motif dont se sont inspirés les autres jurés. Personne, du reste, ne peut demander compte à un juré de sa décision. Il est donc impossible de reconnaître à un tribunal un tel pouvoir d'interprétation : et, du reste, interpréter une telle décision ne serait jamais que faire une hypothèse et non affirmer une certitude. Puisque toute interprétation est impossible, il faut dire, avec M. Beudant (1), qu'un tribunal civil ne peut donner à un verdict négatif que son *minimum* de signification possible ; une seule chose est certaine : l'accusé n'a pas agi avec intention criminelle (2). La chose jugée n'est-elle pas une présomption légale de vérité ? toute présomption légale ne doit-elle pas toujours être interprétée dans son sens le plus restreint possible ? Peut-il y avoir de vérité en dehors de ce qui est certain ? Enfin, l'article 358 Inst. crim. prouve que tel est le système de la loi.

L'analyse que nous venons de faire du verdict négatif vient bien éclairer et simplifier la question, tout d'abord obscure et complexe, de l'influence de ce verdict négatif sur les intérêts civils. Quelle est donc, après un tel verdict, la position du demandeur à l'action civile en répa-

1. V. D., 64, 1, 319.
2. Beudant, *Revue critique*, t. XXIV, p. 492.

ration du dommage causé? Pour obtenir la réparation de ce préjudice, il doit prouver que l'accusé est bien l'auteur du fait (le verdict a, en effet, laissé ce point absolument incertain); que ce fait, qui est reconnu n'être pas un crime, n'est qu'un délit ou un quasi-délit civil, c'est-à-dire que le fait est illicite, dommageable et que son exécution constitue, de la part de son auteur, une faute de nature à entraîner sa responsabilité civile.

Tels sont les principes à l'aide desquels on peut résoudre toutes les difficultés de cette nature que la réalité est susceptible de présenter. La responsabilité civile est distincte de la responsabilité pénale, et la première peut toujours, en principe, exister sans la seconde.

De là, il est aisé de conclure qu'un verdict négatif sur une accusation de faux n'empêche pas que la même pièce soit postérieurement reconnue fausse par le juge civil (D. 1855, 1, 214; 1874, 1, 333); que l'auteur du faux acquitté au criminel soit même condamné à des dommages-intérêts envers la partie lésée (D. 46, 1, 283).

De même, en matière d'incendie volontaire, le verdict négatif ne saurait empêcher la justice civile de déclarer l'accusé acquitté l'auteur de l'incendie, et de voir dans ce fait un délit ou quasi-délit civil de nature à engager sa responsabilité civile (D. 71, 5, 63).

En matière de banqueroute frauduleuse, l'individu accusé de complicité pour avoir soustrait tout ou partie des biens appartenant au banqueroutier, et acquitté, peut cependant être condamné à rapporter ces biens à la masse, sans qu'il y ait pour cela violation de chose jugée (D. 55, 1, 43).

On pourrait ainsi multiplier les exemples à l'infini. Après les explications que nous venons de donner, il semble que tout soit dit sur notre question. Cependant, la Cour de cassation se montre particulièrement exigeante pour les arrêts rendus après un verdict négatif. Ces arrêts sont exposés, avec la jurisprudence de la Cour de cassation, à un double danger : tantôt la Cour y voit une violation de la chose jugée au criminel, tantôt elle les considère comme n'étant pas suffisamment motivées.

Jusqu'en 1864 la Cour de cassation avait admis qu'un fait dont la criminalité était niée pouvait toujours être repris comme simple délit civil. Mais ne peut-on pas se demander si, dans certains cas, la négation de la criminalité n'est pas exclusive de la matérialité même des faits ? Et s'il peut en être ainsi, la seule constatation du fait, en tant que délit civil, n'est elle pas équivalente à la constatation du crime lui-même, et n'y a-t-il pas violation de la chose jugée ? Il importe peu alors que la Cour ait fait tous ses efforts pour exclure l'intention criminelle niée par le verdict, et pour présenter le fait comme simple délit civil, puisque le fait ne peut pas se concevoir indépendamment de l'intention criminelle. L'attention des auteurs sur cette question de l'indivisibilité possible de la matérialité du fait et de l'intention criminelle, n'a été attirée que fort tard, à propos d'une affaire qui eut un grand retentissement (Cass., 7 mai 1864 ; D 1864, 1, 313). Armand avait été accusé de tentative d'homicide volontaire ; pour atteindre son but, il aurait employé plusieurs moyens : d'abord un coup violent sur la nuque, puis ligature des membres de sa victime et, enfin, tentative de strangulation. Armand fut déclaré non coupable. La victime, Pierre Roux, demanda néanmoins à la Cour la réparation du dommage qui lui avait été causé par le coup considéré en tant que délit civil. La Cour reconnut cette demande comme bien fondée. Il est utile de rapporter ici les termes mêmes de l'arrêt : « Considérant qu'appelée à statuer dans sa conscience sur les conclusions de la partie civile, la Cour, tout en respectant la décision du jury et sans se mettre en contradiction avec elle, peut et doit rechercher si Armand est l'auteur du fait matériel ayant occasionné à Roux un préjudice et lui donnant droit d'obtenir la restitution ; considérant qu'il résulte des débats la preuve que dans la journée du 7 juillet dernier, Armand a *maladroitement* porté à Roux un coup qui peut lui être imputé à faute et des conséquences duquel il est responsable... »

La Cour ne retenait, comme constituant un délit civil, que l'un des moyens employés par Armand pour donner la mort, le coup sur la nuque. Mais tous ces moyens tendaient évidemment au même but: si on retenait l'un d'eux, était-il possible d'en affirmer la matérialité, alors qu'on était contraint, par suite du verdict négatif, de nier toute intention criminelle chez son auteur ?

Nous croyons que cette question doit être examinée en droit et en fait :

En droit, une telle indivisibilité ne se conçoit pas. La faute civile est toujours distincte de l'intention criminelle. Le verdict du jury ne peut avoir qu'une signification possible : négation de l'intention criminelle seule. Admettre un instant le principe de l'indivisibilité de la matérialité du fait et de l'intention criminelle revient à faire dire au verdict négatif plus qu'en réalité, il ne dit et ne peut dire : c'est y voir tout à la fois la négation de la faute criminelle et la négation de la faute civile.

En fait, au contraire, il peut résulter des circonstances de la cause que, sans intention criminelle, le fait devienne

incompréhensible. Mais c'est là un examen d'espèce qui
appartient uniquement au juge du fait. « Il peut très bien
arriver, dit M. Coularou (1), qu'étant donnée la nature
particulière d'un fait, et surtout les circonstances maté-
rielles dans lesquelles il a été commis, l'intention criminelle de l'agent doive être reconnue inséparable des circonstances du fait, ou de la participation matérielle. Mais
c'est là pour le juge affaire d'appréciation personnelle,
et lorsqu'il croira, dans sa conscience, pouvoir affirmer
l'existence du fait, sans lui restituer le caractère d'un
crime, nous ne pensons pas que jamais sa décision puisse
être critiquée parce que, dans la pensée d'un autre juge,
l'existence du fait et la criminalité seraient inséparables. »
D'où l'on doit conclure que la Cour de cassation ne pourrait pas casser un arrêt, en disant qu'il n'a pas tenu
compte de l'indivisibilité dont nous parlons. Et du reste,
si la Cour de cassation était conduite à exercer son contrôle sur ce point, elle se verrait nécessairement contrainte de juger en fait, et non en droit : car, en droit, la
Cour a toujours pu reconnaître l'existence d'un délit civil
dans un fait dépouillé de tout caractère criminel.

Est-ce à dire que, si, en fait, le verdict négatif laisse
place, sans aucune difficulté, à un délit civil, l'arrêt, qui
accorde des dommages-intérêts à la partie civile, soit en
dehors de toute critique pour violation de chose jugée?
La Cour de cassation exige que, même dans cette hypothèse, le juge civil évite les expressions qui servaient à
désigner le crime. Lorsqu'un arrêt était cassé pour indivisibilité du fait et de l'intention criminelle, on supposait

1. *Sic* Coularou, *Influence au civil de la chose jugée au criminel.* Th.
doct. Paris, 1880, p. 112.

que le crime et le délit civil avaient disparus, d'un seul
coup, sous la négation du jury. Ici, au contraire, personne
ne songe à nier l'existence du délit civil, mais on vient
dire : le juge devait reconnaître l'existence d'un délit civil
et en préciser les éléments, c'est-à-dire le caractère illicite et dommageable du fait, et la simple faute de son auteur. Or, en croyant affirmer un délit civil, il a affirmé en
réalité le crime et le crime tout entier (1). Pour qu'il y
ait violation de la chose jugée au criminel, il ne suffit pas
de répéter quelques expressions caractéristiques du
crime, il faut aussi affirmer l'intention criminelle : et cela
ne peut résulter que de l'ensemble de l'arrêt, d'où il résulte que le fait apparaissait au juge civil comme un
crime avec ses trois éléments matériel, légal, intentionnel. Mais si la réunion de ces trois éléments n'apparaît
pas comme certaine, on ne pourra pas dire qu'il y a violation de la chose jugée.

Nous avons dit aussi que les arrêts rendus, après un
verdict négatif, sur l'action civile née du fait, étaient exposés à être cassés, pour insuffisance de motifs, par application de l'article 7 de la loi du 20 avril 1810. Les motifs
ne sont pas seulement, pour les justiciables, une garantie
de bonne justice ; ils ont, surtout dans la matière que
nous étudions, une autre utilité : sans eux, la Cour de cassation serait quelquefois dans l'impossibilité absolue
d'exercer son contrôle. La condamnation à des dommages-
intérêts suppose deux choses : 1° existence d'un simple
délit civil, 2° négation du crime sur lequel a porté le verdict. Le juge de l'action civile doit donc établir, dans les
motifs qui viennent à l'appui de sa décision, l'existence

1. Voir Cass. ch. crim. 24 juillet 1841 ; Sirey, 1841. 1. 791.

du délit civil avec tous ses éléments, en faisant abstraction de toute intention criminelle. C'est ainsi que la Cour de cassation a cassé, pour insuffisance de motifs, un arrêt de condamnation à des dommages-intérêts, dans lequel les motifs n'établissait pas la faute accomplie par son auteur en exécutant le fait, et ne contenaient pas non plus la mention aux termes de laquelle le fait aurait été accompli par la partie condamnée (arrêt Cass. 10 juillet 1862; D. 64. 1. 47). De même dans l'affaire Ballerich (Cass. 18 juin 1885 ; D. 87. 1. 94). Cette seconde cause de cassation ne nous apparaît jusqu'à présent que comme la sanction des obligations du juge civil de ne pas violer la chose jugée au criminel. Mais la Cour de cassation a été beaucoup plus loin : « Attendu que la loi ne permet pas que la vérité judiciaire souverainement reconnue par la déclaration du jury puisse, dans un intérêt privé, être contestée ou contredite par l'arrêt rendu sur les intérêts civils; que cet arrêt est donc soumis à l'obligation *d'établir dans les termes les plus explicites et les plus précis qu'il n'existe aucune contradiction* entre ce qui a été jugé au criminel et ce qui a été jugé au civil » (Cass. 7 mai 1864 ; D. 64. 1. 313). Doit-on, avec la Cour de cassation, imposer au juge civil l'obligation d'établir dans les termes les plus précis et les plus explicites qu'il n'existe aucune contradiction entre la chose jugée au criminel et la chose jugée au civil? Entrer dans cette voie est, sans contredit, élargir le cercle des obligations du juge civil, tenu de ne pas contredire la chose jugée au criminel, et d'établir dans ses motifs que tous les éléments du délit civil, dont il reconnaît l'existence, sont bien prouvés par l'ensemble des débats. Nous ne pouvons donc admettre que le juge civil soit tenu d'établir qu'aucune contradiction n'existe. A ceux qui soutiennent que le juge civil a violé la chose jugée au criminel, appartient d'en faire la preuve devant la Cour de cassation ; mais le juge civil ne peut se voir imposer l'obligation d'avoir à justifier lui-même ses décisions.

Et cependant, si l'on va au fond des choses, on ne tarde pas à s'apercevoir que la Cour de cassation reste logique avec elle-même. Elle admet, en effet, que, dans certains cas, la négation de l'intention criminelle entraîne, avec elle, négation de la matérialité du fait. « Attendu, dit-elle, dans l'arrêt Armand, que l'arrêt sur l'action civile devait constater, d'une manière expresse, que la déclaration du jury, en proclamant Armand non coupable, n'avait pas exclu sa participation matérielle. » Si donc l'on part de cette idée : il peut toujours y avoir indivisibilité entre le fait et l'intention criminelle, on est bien obligé d'imposer au juge civil l'obligation d'établir qu'il ne viole pas la chose jugée, que le verdict négatif n'exclut pas, en l'espèce, la matérialité des faits. Mais alors que devient cette règle d'interprétation du verdict négatif, si heureusement formulée par M. Beudant : le verdict de non-culpabilité ne peut avoir, en droit, que son minimum de signification possible !

Pour nous, qui avons rejeté cette indivisibilité possible entre la matérialité du fait et l'intention criminelle, nous n'hésiterons pas à repousser ce qui n'est qu'une conséquence de cette même idée : l'obligation pour le juge civil d'établir qu'il ne contredit pas la chose jugée au criminel. Ne pourrions-nous pas voir aussi, dans cette conséquence nécessaire, une preuve nouvelle du caractère erroné de l'idée dont elle n'est qu'une émanation ?

CHAPITRE QUATRIÈME

DE L'OPPOSABILITÉ AUX TIERS ET DE QUELQUES CAS DANS
LESQUELS IL Y A LIEU DE SE DEMANDER SI ON DOIT RE-
CONNAITRE AUTORITÉ AU CIVIL A LA CHOSE JUGÉE AU
CRIMINEL.

L'utilité sociale est la raison d'être et le principe de
toute la théorie dont nous avons entrepris l'étude. Le but
de cette théorie est d'éviter le scandale que produirait
dans la société la coexistence de deux décisions judiciaires contradictoires. En partant d'une telle idée, la
question ne se pose même pas de savoir si la chose jugée
au criminel est opposable à ceux qui n'ont pas été partie
à l'audience répressive. La justice civile n'a pas le pouvoir de contredire la chose jugée au criminel ; les parties
elles-mêmes ne peuvent pas renoncer au moyen résultant, en leur faveur, de la chose jugée au criminel ; le tribunal serait en droit de l'invoquer d'office. Qu'importe
alors que la partie à laquelle j'oppose au civil la chose
antérieurement jugée sur l'action publique prétende la
contredire, sous le prétexte qu'elle n'est pas intervenue à
l'audience criminelle? La chose jugée, il est vrai, est bien
relative aux parties en cause, conformément à l'article
1351 C. c. Mais nous l'avons déjà dit, nous sommes en
dehors de la théorie de la chose jugée ; l'objection est
donc sans portée. Cependant des auteurs éminents sou-

tiennent que la chose jugée au criminel ne saurait, au
civil, être opposable aux tiers. Ainsi s'exprime sur ce
point M. Demolombe (1) : « que la décision rendue au criminel ait au civil, quant à la matérialité du fait et à la culpabilité de l'agent, l'autorité de la chose jugée, soit au
profit, soit au préjudice de la partie lésée, c'est incontestable ; c'est la conséquence même de toute la théorie que
nous avons entrepris d'établir ; qu'elle ait même cette autorité au profit des tiers, c'est-à-dire des personnes qui
n'ont pas été parties dans le débat et qui n'ont pas pu y
intervenir, relativement aux intérêts matériels qui peuvent naître du fait sur lequel la juridiction criminelle a
prononcé, c'est ce qui paraît être aussi généralement reconnu et avec raison ; car l'accusé qui a été poursuivi par
le ministère public a pu se défendre, il était partie, lui, et
c'est bien contre lui que cette chose a été jugée. Mais la
décision rendue au criminel a-t-elle également au civil
l'autorité de la chose jugée au préjudice des tiers ; leur
est-elle opposable? » Sur ce point, M. Demolombe se pro-
nonce négativement.

Il est facile de montrer combien sont rebelles à toutes
explications juridiques les distinctions proposées par
M. Demolombe. Et d'abord, pourquoi faire une place à
part à la partie lésée, quant à ce qui concerne la réparation du dommage causé? N'avons-nous pas démontré
que, dans notre droit moderne, cette autorité, au civil, de
la chose jugée au criminel est, de sa nature, absolue; elle
existe, quelle que soit l'action portée devant le juge civil;
il est, en un mot, impossible, de séparer, quand à ce qui

---

1. Demolombe, t. 30, p. 404 et suiv. — Merlin, après avoir plusieurs
fois changé d'opinion sur cette question, a fini par admettre l'opposabilité
aux tiers (addition aux questions de droit, v° *Faux*, § 6).

regarde cette autorité de chose jugée, l'action en réparation du dommage causé des autres actions civiles.

La partie lésée, il est vrai, aurait put intervenir à l'audience répressive : elle n'est pas intervenue, c'était son
droit, et personne ne peut lui en faire un grief : elle est un
tiers, par rapport à la chose jugée au criminel, aussi
bien que quelqu'autre intéressé que ce soit. Du reste, déclarer, avec M. Demolombe, que la chose jugée est opposable à la partie civile, et non aux autres tiers, n'est-ce
revenir purement et simplement à la thèse historique de
M. Griolet? Nous avons déjà dit que l'ancien droit ne pouvait être invoqué aujourd'hui : il est donc inutile de revenir sur nos pas.

Cette distinction repoussée, M. Demolombe admet que
la chose jugée est opposable aux tiers, lorsque ceux-ci
tendraient à aggraver la position du prévenu ou de l'accusé (1), il faut distinguer, en un mot, si le tiers discute la
chose jugée au criminel, *in pejus* ou *in mitius*. Dans le
premier cas, elle lui est opposable ; dans le second elle
cesse de lui être opposable. Le jurisconsulte est vraiment
bien en peine, en présence de telles solutions : où trouver
le principe de ces distinctions? La chose jugée est ou
n'est pas opposable tiers : Si on admet la négative,
pourquoi ces réticences et ces réserves? Et ce ne sont
pas les seules contradictions dans lesquelles on est obligé
de tomber : la chose jugée n'est pas opposable aux tiers,
avec le tempérament indiqué ; voilà qui est entendu. Mais
M. Demolombe permet aux tiers de s'emparer de la
chose jugée et de l'opposer toujours à la partie condam-

1. Demolombe, I. 30, p. 407 ; — sic, Bonnier, *Traité des preuves*,
édit. Larnaude, p. 755.

née ? Pourquoi cette différence de situation et ce manque
de réciprocité ? Parce que, nous dit M. Demolombe, l'accusé a été poursuivi et a pu se défendre, c'est bien à lui
qu'incombait cette tâche et s'il ne l'a pas fait, il ne saurait
s'en prendre qu'à lui. Mais c'est revenir, encore une fois,
à l'article 1351, C. c., et se placer en dehors de la théorie dont nous poursuivons l'étude.

Nous conclurons donc, conformément à notre idée de
principe, et avec la jurisprudence, en admettant l'opposabilité aux tiers d'une manière absolue et sans réserve (1).
La jurisprudence, après avoir été hésitante, s'est définitivement rangée à ce point de vue (2). Une des hypothèses
dans lesquelles il est intéressant de se fixer sur cette
question est la suivante : Primus a vendu à Secundus un
objet mobilier. Primus est, postérieurement à cette vente,
condamné pour avoir volé à Tertius ce même objet. Par application de 2279, C. c., le propriétaire, Tertius peut reven-
diquer son meuble entre les mains de Secundus. Par rapport à la chose jugée au criminel, Secundus et Tertius sont
des tiers : si donc la chose jugée au criminel n'est pas
opposable aux tiers, Secundus pourra opposer au propriétaire revendiquant que Primus n'a jamais volé l'objet
en question, mais a simplement commis un abus de confiance : ce qui constitue un obstacle absolu à la revendication. Etant donné la théorie que nous admettons, une
telle difficulté ne saurait naître.

Avant d'abandonner cette discussion, nous devons
réfuter deux arguments de textes qui nous sont opposés.

1. *Contrà* Ortolan, *loc. cit.*, p. 475.
2. Voir les arrêts suivants : Cass., 7 mars 1855, D. 1855, 1, 81 ; —
Cass., 14 février 1860 ; D. 1860, 1, 161 ; — Cass., 27 janvier 1869 ; D.
1869, 1, 169.

L'article 463, inst. crim., déclare que : « Lorsque des
actes authentiques auront été déclarés faux en tout ou en
partie, la Cour où le tribunal qui aura connu du faux, ordonnera qu'ils soient rétablis, rayés ou réformés et que
du tout il soit dressé procès-verbal. »

On pourrait croire en lisant cet article que la constatation du faux est faite d'une manière absolue puisque le
juge de répression doit prendre lui-même les précautions
voulues pour prévenir que ces actes ont été jugés faux.
Cependant l'article 241, C. pr. c., qui s'occupe de la même
question en cas de faux, incident civil, permet au juge
civil d'ordonner la suppression ou la lacération même de
l'acte. Cette différence de pouvoir n'a, dit-on, d'autre raison d'être que celle-ci : la chose jugée au criminel n'est
pas opposable aux tiers, dans ses conséquences civiles.
Mais il est facile de comprendre pourquoi le législateur
n'a pas permis au juge de l'action publique d'ordonner la
suppression de la pièce jugée fausse : la pièce incrimi-
née suppose des intérêts en conflit : au juge civil appar-
tiendra, après le jugement intervenu sur l'action publique,
de prononcer, s'il y a lieu, sur la liquidation de ces intérêts : il était donc utile de ne pas détruire la pièce. Ces
mêmes difficultés ne sauraient se présenter après un
jugement intervenu dans une procédure de faux incident
civil (1).

La seconde objection contre la doctrine de l'opposabilité aux tiers de la chose jugée au criminel, est tirée de
l'article 198, C. c. Laissons sur ce point la parole à
M. Bonnier : « Cette doctrine, poussée jusqu'au bout,
conduirait à reconnaître qu'un homme et une femme peu-

1. Voir sur ce point Bonnier, édition Larnaude, p. 756.

vent se trouver mariés malgré eux. Et en effet, si l'on
entend l'article 198, C. c., en ce sens que l'existence d'un
mariage dont la preuve a été rétablie sur les conclusions
du ministère public, est pleinement constatée, même
vis-à-vis des personnes étrangères au procès criminel, le
jugement criminel lie les prétendus époux, bien qu'ils ne
se soient pas portés parties civiles et qu'ils n'aient pas
même eu connaissance de la procédure (1). » Cette observation est exacte en elle-même; mais faut-il en conclure que
la chose jugée au criminel n'est pas opposable aux tiers?
Nous remarquerons d'abord que cette hypothèse est bien
extraordinaire ; car il faut supposer qu'un officier de
l'état civil a été condamné pour avoir fait disparaître la
preuve d'un mariage, alors que ce mariage n'a jamais
existé ; il est inutile d'ajouter que la jurisprudence n'a
jamais eu à statuer sur une hypothèse aussi invraisem-
blable. Si elle se rencontrait, nous croyons, cependant,
qu'il serait possible d'argumenter du caractère exception-
nel de l'article 198 pour permettre aux prétendus époux
de démontrer qu'ils n'ont jamais été mariés. Si l'article 198
fait l'application de l'autorité au civil de la chose jugée
au criminel, il faut en effet reconnaître, et c'est déjà ce
que nous avons eu occasion de faire, que cette application est tout à fait anormale, puisqu'il s'agit, ici, d'un élément du délit, considéré isolément du délit lui-même. Ce
n'est pas, du reste, la seule difficulté à laquelle cet article
ait donné naissance.

Nous ne terminerons par cette étude sans examiner deux
hypothèses dans lesquelles il y a lieu de se demander si

---

1. Bonnier, édition Larnaude, p. 755, *in fine.*

on ne doit pas faire application de la théorie que nous venons d'exposer :

1° Aux termes de l'article 2, instr. 'crim., la justice répressive est compétente pour juger l'action civile en réparation du dommage causé, accessoirement à l'action publique. Il peut arriver que la partie civile, seule, fasse appel de la sentence rendue par les juges de première instance. L'action publique se trouve jugée d'une manière définitive. La partie civile, en portant devant la juridiction d'appel, son action civile, oblige cette juridiction à faire, des faits, une constatation nouvelle : on a donc à se demander si la Cour d'appel a toute liberté pour contredire la chose jugée, sur l'action publique, devenue définitive par rapport au prévenu et à la partie publique ; ou, au contraire, si la Cour est obligée de respecter l'appréciation des faits telle qu'elle résulte de la chose jugée en première instance.

Le Code du 3 brumaire de l'an IV avait consacré le droit d'appel de la partie civile indépendamment de tout appel, soit du ministère public ; soit du prévenu (art. 193). En 1806 le Conseil d'Etat fut consulté sur le point de savoir quels étaient les pouvoirs du juge d'appel saisi sur l'appel de la partie civile seule. (1) La Cour d'appel pouvait-elle prononcer une peine ou une aggravation de peine? tel était le point principal sur lequel le Conseil d'État était appelé à se prononcer. On trouve dans cet avis, sous forme de considérant, la phrase suivante, qui se rapporte à l'ordre d'idées que nous examinons :

---

1. Voir le texte de cet avis du Conseil d'État, du 12 novembre 1806 ; Devilleneuve, *Recueil des lois et arrêts*, 10, 1789-1830, p. 736. Avis du Conseil d'État sur la question de savoir, si sur l'appel émis par la partie civile, les cours criminelles peuvent réformer les dispositions non attaqués des jugements rendus en matière correctionnelle.

« Comme le ferait un tribunal civil auquel on porterait
la question des dommages-intérêts, la Cour doit tenir pour
constants les faits et les motifs qui ont déterminé le chef
du jugement relatif au délit, parce que ce jugement ayant
passé en force de chose jugée, a tous les droits d'une vérité incontestable. »

Cet avis du Conseil d'Etat, approuvé par le chef de
l'État, a acquis force de loi ; ce point n'est pas douteux.
En 1808 était voté le Code d'Instruction criminelle qui
nous régit actuellement. L'article 202 de ce Code reconnaît, comme le Code de brumaire, le droit d'appel à la partie civile ; mais on a ajouté au texte primitif « *quant à ses
intérêts civils seulement.* » Le législateur de 1808 a-t-il
entendu s'approprier le système de l'avis du Conseil d'Etat
de 1806 ? dans ce cas le juge d'appel serait contraint de
respecter la chose jugée sur l'action publique, ou au contraire, l'article 202 du Code de 1808 doit-il être interprêté,
abstraction faite de cet avis de 1806, et avec les principes
généraux du droit ? ce qui conduirait à décider, comme
nous allons le voir, que la Cour d'appel est entièrement
libre. Ainsi s'exprime sur ce point Carnot : (1) « C'est
dans le Conseil d'État que s'est muri le projet de Code
d'Instruction criminelle ; c'est le Conseil d'Etat qui l'a présenté à la sanction du Corps législatif. Et c'était lui qui
avait rédigé l'avis du 12 novembre 1806. Ne doit-on pas
en tirer la conséquence, que le Code d'Instruction criminelle a été rédigé dans l'esprit de l'avis du Conseil d'Etat,
du 12 nov. 1806 ; que par suite, la Cour, saisie par le seul
appel de la partie civile, ne peut se livrer à une nouvelle
appréciation des faits et des motifs ? »

La question, ainsi posée, est très problématique, il faut

1. Carnot, *Instruction criminelle*, tome 2, p. 121.

bien le reconnaître. Carnot lui-même n'en disconvient pas (2). On est aujourd'hui en présence de l'article 202 Ints. crim. ; il s'agit d'interpréter ce texte qui a nécessairement abrogé, et l'article 193 C. de brumaire, et l'avis interprétatif de 1806. Est-il possible d'affirmer comme le fait Carnot, que l'article 202 a été rédigé dans le sens de cet avis ? Cela est possible, mais on ne peut ériger cette possibilité en certitude. Du reste cet avis avait pour objet principal d'empêcher la prononciation d'une peine ou l'aggravation de la peine antérieurement prononcée, lorsque la Cour n'était saisie que sur l'appel de la partie civile seule. Ce n'est que sous forme de considérant que le Conseil d'Etat s'est expliqué sur le point que nous examinons. Cette seule observation suffirait déjà pour repousser, dans cette discussion, l'avis du Conseil d'Etat. On est alors conduit à faire abstraction de cet avis, et à rechercher le sens de l'article 202, en l'interprétant seulement avec les principes généraux du droit. L'action civile, avons-nous déjà dit, est indépendante de l'action publique, même lorsqu'elle est intentée accessoirement à cette dernière action. L'une peut être épuisée par son exercice, éteinte par la chose jugée, et l'autre être débattue sur opposition ou sur appel. Le législateur n'a fait qu'appliquer ces idées dans l'article 202 : il est tout simple que la partie civile puisse faire appel ; mais cet appel ne peut porter que sur l'action civile et non sur l'action publique. La loi a reconnu ce droit d'appel, sans distinction et sans limitation, en ayant soin seulement de préciser son objet. La Cour aura donc le droit et le devoir de faire des faits une appréciation nouvelle : par rapport à l'action civile, le procès recommence tout entier. Décider autrement, serait amoindrir, atrophier un droit

1. Carnot, *loc. cit.*, même page.

dont la loi proclame l'existence. L'appel, du reste, n'a-t-il pas pour effet de remettre tout en question, aussi bien l'appréciation du fait, que l'interprétation du droit ?

Mais, alors, ne va-t-on pas se heurter à une difficulté ? La compétence du tribunal d'appel est identique à la compétence du tribunal de première instance. En cas d'acquittement sur l'action publique, le tribunal de première instance a été obligé de se déclarer incompétent pour connaître de l'action civile. La cour d'appel, saisie sur l'appel de la partie civile seule, pour affirmer sa compétence, et retenir le jugement de l'action civile, se trouve contrainte d'examiner et d'affirmer, s'il y a lieu, la culpabibilité du prévenu acquitté; n'y a-t-il pas alors violation de la chose jugée sur l'action publique?(1) Il est certain que le prévenu acquitté va se trouver atteint, sinon dans son droit, du moins dans son honneur, par une telle déclaration de culpabilité, alors même qu'aucune peine ne peut être prononcée contre lui. « Il n'en faut pas davantage, dit Carnot, (2) pour saper un tel système, dans sa base, puisque cette espèce de flétrissure sera le résultat nécessaire de l'appel de la partie civile, lorsque cet appel ne peut en avoir d'autre que les intérêts civils des parties. » Il y a là une exagération : de ce qu'il y a chose jugée sur l'action publique, une seule conséquence résulte : la déclaration de culpabilité et la prononciation d'une peine sont devenus impossibles, en tant qu'objet immédiat d'un jugement ou d'un arrêt. Qu'aucune peine ne puisse être prononcée, c'est ce que tout le monde reconnaît.

Quant à la déclaration de culpabilité, elle ne fait pas

1. Voir Achille Morin, *Répertoire du Droit criminel*, v° appel.
2. Carnot, *loc. cit.*, t. 2, p. 109.

l'objet immédiat de la chose jugée par la Cour d'appel :
« Attendu, dit la Cour de cassation, que la Cour souveraine a le droit et le devoir de reconnaître la réalité ou
la fausseté des faits d'où serait résulté le dommage allé-
gué, d'en rechercher l'auteur, et se déclarer si le fait réunit tous les caractères d'un délit, *celle dernière condition
étant la condition essentielle de sa compétence* ; que la
partie civile n'obtiendrait pas tous les avantages du second degré de juridiction, si elle ne pouvait discuter li-
brement, devant la juridiction supérieure, la question de
l'existence du délit et de provoquer, *dans son intérêt*, sur
ce point capital, une décision souveraine » (Cass., 14 avril
1860 ; D. 1860, 1, 373). Même dans cette hypothèse d'un
acquittement en première instance, devenu définitif par
l'acquiescement du ministère public, la déclaration de
culpabilité des juges supérieurs ne constitue pas une violation de la chose jugée : une telle déclaration n'est qu'incidente et accessoire ; la chose vraiment jugée ne dépasse
pas le cercle des intérêts purement civils, suivant les exigences de l'article 202 Inst. crim. Nous reconnaîtrons
donc au juge d'appel le pouvoir de contredire les faits et
les motifs qui ont déterminé le chef du jugement relatif
au délit.

2° Un délit a été commis, son auteur présumé a été as-
signé à la requête du Procureur de la République, pour
s'entendre condamner à la peine ; et avec lui a été assi-
gné, en même temps et à la requête du même magistrat (1),
la partie civilement responsable, pour être condamnée à
payer au Trésor les frais qu'a entraînés le procès pénal.
Une double condamnation a été prononcée contre l'auteur

---

1. Articles 182, 194, 202 Inst. crim,

du fait, reconnu pénalement responsable, et, contre la
partie, civilement responsable, conformément à l'article
1384 C. c., pour les frais. Plus tard, cette même personne
civilement responsable est actionnée en cette qualité par
la partie lésée, qui demande la réparation civile du dommage causé. La chose jugée antérieurement par la justice
répressive, sur la responsabilité civile, s'impose-t-elle à
la justice civile, de telle sorte que celle-ci ne puisse plus
contester le principe de la responsabilité civile du défendeur à l'instance ? Doit-on apprécier, en un mot, cette
chose jugée au criminel conformément au principe qui
impose au juge civil le respect de la chose jugée au criminel ; ou, au contraire, ne faut-il voir, dans cette chose
jugée, qu'un rapport de droit civil, devant être interprété
au civil, conformément à la règle formulée dans l'article
1351 C. c. ? Dans le premier cas, la chose jugée au criminel s'imposera toujours au juge civil ; dans le second, la
chose jugée ne s'imposera que si les trois identités d'objet, de cause, et de personnes se trouvent réunies ; si, en
un mot, la seconde demande est identique à la première.
Il est aisé de voir que, dans ce dernier cas, il n'y aura jamais identité de personnes puisque, devant la justice répressive, il s'agissait de la réparation du dommage causé
au Trésor, et que le demandeur, représenté par le ministère public, était alors l'Etat ; tandis que, devant la justice
civile, il s'agit du dommage causé à la victime du délit,
et, par conséquent, d'une personne privée agissant en
son nom personnel : il devient donc impossible, dans le
débat au civil, d'invoquer la chose antérieurement jugée
au criminel. Le demandeur devra prouver que le défendeur est bien civilement responsable, par application de
l'article 1384, C. c.

La jurisprudence applique à cette hypothèse la théorie de l'autorité au civil de la chose jugée au criminel. La Cour de Rennes, dans un arrêt du 12 décembre 1861 (Sirey, 1862, 2, 19) et, plus dernièrement, la Cour de Nancy (Sirey, 1878, 2, 234) ont admis cette interprétation. Pour nous, au contraire, il ne saurait s'agir ici que d'un rapport de droit civil, et la chose jugée sur ce point par le juge de répression pourra toujours être contestée par le juge civil postérieurement saisi : il ne peut être question que de l'application de l'article 1351, C. c.

Avant d'exposer les raisons qui nous commandent une telle interprétation, il nous faut montrer dans quelles limites il peut cependant être question d'autorité au civil de chose jugée au criminel. De la condamnation intervenue sur l'action publique, il résulte bien et d'une manière absolue que nul ne sera admis à contester et l'existence du fait et son exécution par le prévenu. Si donc la partie civilement responsable se défend en contestant ces points définitivement jugés, il est vrai de dire qu'elle viole la chose jugée au criminel. Mais, sans contredire que le prévenu ne soit l'auteur du fait, la partie civilement responsable peut se défendre en contestant le principe même de sa responsabilité civile. « J'ai bien été condamné comme civilement responsable envers l'Etat, dira-t-elle ; mais cela est *res inter alios judicata* ; je me suis mal défendu, ou on a fait, en me condamnant, une fausse interprétation de l'article 1384. » S'agit il, en effet, d'un père de famille ? Il est responsable des actes de son enfant mineur : la loi fait reposer ce cautionnement forcé sur une présomption de défaut de surveillance. Si le père prouve qu'il a été dans l'impossibilité de surveiller son fils, qu'il n'est pas en faute (1384, 5e alinéa), aucune responsabilité ne

pèse sur lui. S'agit-il du maître relativement aux faits de
ses serviteurs ou préposés ? il repoussera l'action civile
dirigée contre lui, en disant que l'acte a été accompli par
son serviteur ou préposé en dehors des fonctions aux-
quelles il l'employait (1384, 3e alin.).

On voit donc que, sans nier la chose jugée au criminel,
on peut discuter le principe même de la responsabilité,
en vertu de laquelle on se trouve défendeur au civil. Il est
donc intéressant de savoir si la condamnation, par la justice répressive, de la personne civilement responsable,
est l'exercice même de l'action publique, ou s'il n'y a pas
là jugement d'une action civile distincte de l'action publique.

L'action publique a toujours pour objet une peine : s'il
s'agit de l'action publique, il faut donc dire que les frais
sont une peine, accessoire il est vrai, mais une peine. On
pourrait se laisser entraîner à cette assimilation, lorsque
la condamnation à la peine et celle aux frais sont réunies
sur la même tête ; mais lorsque cette condamnation aux
frais est prononcée contre une personne civilement per-
ponsable, on violerait alors cette règle fondamentale de
notre droit public : les peines sont essentiellement res-
sonnelles. Du reste l'article 1384 C. c. statue sur une responsabilité civile, et non sur une responsabilité pénale.
La Cour de cassation a reconnu, dans cette condamnation
aux frais, tous les caractères d'une condamnation civile :
« Attendu qu'un délit ne cause pas seulement un dommage à la personne qui en est victime, qu'il occasionne
également un préjudice au trésor public, quand celui-ci
se trouve contraint de faire l'avance des frais de la poursuite dirigée contre le prévenu ; qu'en ce cas la condamnation aux dépens, prononcée tant contre le prévenu dé-

claré coupable, que contre la partie civilement responsable, en devient la juste réparation ». (Ch. crim. 13 décembre 1856, D. 1867. 1, 75.) — MM. Chauveau et Faustin Hélie ne sont ni moins clairs ni moins précis sur ce
point : « Les frais causés par cette poursuite constituent
un préjudice causé à l'état et ont le caractère de véritables dommages-intérêts. » (1) Est-il utile d'insister plus
longtemps sur une vérité qui paraît évidente ? l'État se
porte, en quelque sorte, partie civile à l'instance répressive ; la chose jugée sur les frais est civile par sa nature,
comme la chose jugée sur la réparation du dommage
causé ; et partant, soumise à toutes règles du droit civil.

Et cependant les arrêts de Rennes et de Nancy voient
dans cette condamnation aux frais, de la partie civilement responsable, l'exercice même de l'action publique,
parce qu'il y a, disent-ils, indivisibilité entre ces deux condamnations ; parce que le ministère public est demandeur
dans l'un et dans l'autre cas, qui en réalité, d'après eux,
n'en font qu'un ; parce que le juge de répression a prononcé sur la condamnation aux frais, comme sur la peine ;
parce qu'enfin la chose jugée au criminel ne saurait avoir
avoir sur un point une force qu'on lui refuserait sur un
autre.

Toutes ces raisons sont plus spécieuses que réelles ; il
y a dit-on, indivisibilité entre ces deux condamnations ;
la seconde n'est que la résultante de la première, ou pour
mieux dire, il n'y a qu'une seule condamnation se révé-
lant sous deux formes différentes ; il devient alors incompréhensible, disent toujours les arrêts, de donner à la
première une nature que n'aurait pas la seconde. Nous

_____

1. Chauveau et F. Hélie : Théorie du Code pénal, 5e édit. no 395.

admettons bien que la condamnation aux frais n'est que
la conséquence, et la suite, de la condamnation pénale ;
mais cette première condamnation se distingue de la seconde comme l'effet se distingue de la cause : le trésor n'aurait pas été lésé, si le délit n'avait pas été commis, il n'y en
a pas moins deux actions essentiellement distinctes, et de
nature différente comme nous l'avons démontré. Le ministère public, il est vrai, représente la société à un double
titre, et porte en même temps ces deux demandes devant
la juridiction répressive : mais ce n'est là qu'une question de procédure et de compétence qu'exigeait la bonne
administration de la justice ; la nature même de l'action,
en réparation du dommage causé au trésor n'en saurait
être atteinte : c'est une action civile jugée par le tribunal
de répression, et il n'y a rien d'incompréhensible à ce
qu'un même jugement statue d'abord sur un rapport de
droit pénal, et ensuite sur un rapport de droit civil. Lorsque l'on prend ce jugement dans son ensemble pour déterminer quel peut être au civil son influence, il faut séparer la chose jugée sur l'action publique, vérité absolue
qui s'impose toujours au juge civil, et la chose jugée sur
l'action civile, vérité aussi certaine, mais vérité relative
aux parties en cause.

POSITIONS

POSITIONS PRISES DANS LA THÈSE

Droit Romain

1.º — Une action quasi-servienne utile est toujours accordée au créancier hypothécaire, lorsque le constituant, ayant hypothéqué une *res aliena*, devient, *ex post facto*, propriétaire de la chose.

2° — Entre deux hypothèques portant sur des biens à venir, il y aura concours sur les biens acquis après la constitution, encore que les hypothèques aient été constituées à des dates différentes.

3° — La loi du concours s'applique aussi lorsque le débiteur a successivement hypothéqué, à différents créanciers, une *res aliena*, dont il a postérieurement acquis la propriété.

4° — Les deux lois 41. D. 13-7 (Paul) et 22. D. 20-1 (Modestin) sont inconciliables. L'opinion de Modestin a prévalu dans la jurisprudence romaine ; mais l'opinion de Paul paraît plus conformes aux principes généraux du droit.

Droit Français

1° — Ni le droit romain, ni l'ancien droit n'ont admis le principe de l'autorité au civil de la chose jugée au criminel.

2° — Le principe de l'autorité au civil de la chose jugée au criminel s'applique aux jugements d'acquittement, aussi bien qu'aux jugements de condamnation.

3° — La chose jugée au criminel est opposable aux tiers.

4° — Le juge d'appel, saisi sur l'appel de la partie civile seule, peut contredire la chose définitivement jugée sur l'action publique, par le juge de première instance.

5° — La partie civilement responsable, condamnée aux frais du procès pénal, peut contester le principe de sa responsabilité civile, si elle est actionnée au civil par la partie lésée.

POSITIONS PRISES EN DEHORS DE LA THÈSE

Droit Romain

1° — La loi 75, D. 23-3 ne contredit pas cette idée fondamentale du droit romain : pendant le mariage, le mari est propriétaire de la dot.

2° — La prohibition pour le mari d'hypothéquer le fonds dotal, même avec l'assentiment de sa femme, attribuée par Justinien à la loi Julia, est bien plutôt une conséquence du S. C. Velléien.

3° — La *minima capitis deminutio* n'impliquait pas nécessairement un amoindrissement de la capacité antérieure.

4° — Les créanciers de l'adrogé, ayant un titre antérieur à l'adrogation pouvaient agir *de peculio* contre l'adrogeant.

Droit Français

1º — Le prodigue ne peut, sans l'assistance de son conseil, valablement faire son contrat de mariage, lorsque ce contrat de mariage dépasse les bornes de sa capacité, telle qu'elle résulte de l'article 513 C. c.

2º— Quels que soient les termes employés par les parties, quelle que soit la durée du bail, le preneur n'acquiert jamais sur la chose louée un droit réel.

3º—Le créancier qui veut exercer les droits et actions de son débiteur n'est pas tenu d'obtenir préalablement une subrogation judiciaire.

4º —L'obligation de garantie est de sa nature indivisible.

Droit Criminel

1º — L'interdit légalement ne perd pas le droit de disposer de ses biens par testament.

2º — Le délit de violation du secret professionnel ne suppose pas intention de nuire.

Droit International privé

Les testaments conjonctifs, faits par des français à l'étranger, sont nuls, alors même que la loi du lieu où ces testaments ont été rédigés, n'édicterait pas une telle prohibition.

Droit Coutumier

La distinction du domaine directe et du domaine utile doit être considérée, non comme un produit spontané du droit coutumier, mais comme une véritable création de juristes.

Vu par le présidnet de la thèse.

E. GARSONNET.

Vu par le doyen,

COLMET DE SANTERRE.

Vu et permis d'imprimer,

le vice-recteur de l'Académie de Paris,

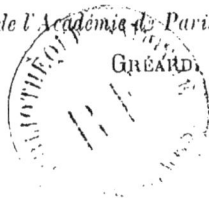

GRÉARD.

TABLE DES MATIÈRES

DROIT ROMAIN

DE L'HYPOTHÈQUE DE LA CHOSE D'AUTRUI

DROIT FRANÇAIS

DE L'AUTORITÉ AU CIVIL DE LA CHOSE JUGÉE AU CRIMINEL

Laval. — Imp. et Stér. E. JAMIN, 41, rue de la Paix.

www.ingramcontent.com/pod-product-compliance
Lightning Source LLC
Chambersburg PA
CBHW060539210326
41519CB00014B/3272